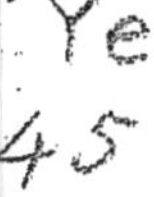

I0751735

LES VOIX INTÉRIEURES

ET

LES RAYONS & LES OMBRES

PAR

VICTOR HUGO

ILLUSTRATIONS DE GÉRARD SÉGUIN

PARIS
J. HETZEL, ÉDITEUR, 18, RUE JACOB.

4e Série des Poésies. Prix : 1 fr. 10 c.

LES

VOIX INTÉRIEURES

PAR

VICTOR HUGO

PRÉFACE.

La Porcia de Shakspeare parle quelque part de cette *musique que tout homme a en soi.* — Malheur, dit-elle, à qui ne l'entend pas! — Cette musique, la nature aussi l'a en elle. Si le livre qu'on va lire est quelque chose, il est l'écho, bien confus et bien affaibli sans doute, mais fidèle, l'auteur le croit, de ce chant qui répond en nous au chant que nous entendons hors de nous.

Au reste, cet écho intime et secret étant, aux yeux de l'auteur, la poésie même, ce volume, avec quelques nuances nouvelles peut-être et les développements que le temps a amenés, ne fait que continuer ceux qui l'ont précédé. Ce qu'il contient, les autres le contenaient; à cette différence près que, dans les *Orientales*, par exemple, la fleur serait plus épanouie; dans les *Voix intérieures*, la goutte de rosée ou de pluie serait plus cachée. La poésie, en supposant que ce soit ici le lieu de prononcer un si grand mot; la poésie est comme Dieu : une et inépuisable.

Si l'homme a sa voix, si la nature a la sienne, les événements ont aussi la leur. L'auteur a toujours pensé que la mission du poëte était de fondre dans un même groupe de chants cette triple parole qui renferme un triple enseignement, car la première s'adresse plus particulièrement au cœur, la seconde à l'âme, la troisième à l'esprit. *Tres radios.*

Et puis, dans l'époque où nous vivons, tout l'homme ne se retrouve-t-il pas là? N'est-il pas entièrement compris sous ce triple aspect de notre vie : le foyer, le champ, la rue? Le foyer, qui est notre cœur même; le champ, où la nature nous parle; la rue, où tempête, à travers les coups de fouets des partis, cet embarras de charrettes qu'on appelle les événements politiques.

Et, disons-le en passant, dans cette mêlée d'hommes, de doctrines et d'intérêts qui se ruent si violemment tous les jours sur chacune des œuvres qu'il est donné à ce siécle de faire, le poëte a une fonction sérieuse. Sans parler même ici de son influence civilisatrice, c'est à lui qu'il appartient d'élever, lorsqu'ils le méritent, les évènements politiques à la dignité d'événements historiques. Il faut, pour cela, qu'il jette sur ses contemporains ce tranquille regard que l'histoire jette sur le passé; il faut que, sans se laisser tromper aux illusions d'optique, aux mirages menteurs, aux voisinages momentanés, il mette dès à présent tout en perspective, diminuant ceci, grandissant cela. Il faut qu'il ne trempe dans aucune voie de fait. Il faut qu'il sache se maintenir, au-dessus du tumulte, inébranlable, austère et bienveillant; indulgent quelquefois, chose difficile; impartial toujours, chose plus difficile encore; qu'il ait dans le cœur cette sympathique intelligence des révolutions qui implique le dédain de l'émeute, ce grave respect du peuple qui s'allie au mépris de la foule; que son esprit ne concède rien aux petites colères ni aux petites vanités; que son éloge comme son blâme prenne souvent à rebours, tantôt l'esprit de cour, tantôt l'esprit de faction. Il faut qu'il puisse saluer le drapeau tricolore sans insulter les fleurs de lis; il faut qu'il puisse, dans le même livre, presque à la même page, flétrir « l'homme qui a vendu une femme » et louer un noble jeune prince pour une bonne action bien faite, glorifier la haute idée sculptée sur l'arc de l'Étoile et consoler la triste pensée enfermée dans la tombe de Charles X. Il faut qu'il soit attentif à tout, sincère en tout, désintéressé sur tout, et que, nous l'avons déjà dit ailleurs, il ne dépende de rien, pas même de ses propres ressentiments, pas même de ses griefs personnels; sachant être, dans l'occasion, tout à la fois irrité comme homme, et calme comme poëte. Il faut enfin que, dans ces temps livrés à la lutte furieuse des opinions, au milieu des attractions violentes que sa raison devra subir sans dévier, il ait sans cesse présent à l'esprit ce but sévère : Être de tous les partis par leur côté généreux, n'être d'aucun par leur côté mauvais. La puissance du poëte est faite d'indépendance.

L'auteur, on le voit, ne se dissimule aucune des conditions rigoureuses de la mission qu'il s'est imposée, en attendant qu'un meilleur vienne. Le résultat de l'art ainsi compris, c'est l'adoucissement des esprits et des mœurs, c'est la civilisation même. Ce résultat, quoique l'auteur de ce livre soit bien peu de chose pour une fonction si haute, il continuera d'y tendre par toutes les voies ouvertes à sa pensée, par le théâtre comme par le livre, par le roman comme par le drame, par l'histoire comme par la poésie. Il tâche, il essaye, il entreprend. Voilà tout. Bien des sympathies, nobles et intelligentes, l'appuient. S'il réussit, c'est à elles et non à lui que sera dû le succès.

Quant à la dédicace placée en tête de ce volume, l'auteur, surtout après les lignes qui précèdent, pense n'avoir pas besoin de dire combien est calme et religieux le sentiment qui l'a dictée. On le comprendra, en présence de ces deux monuments, le trophée de l'Etoile, le tombeau de son père, l'un national, l'autre domestique, tous deux sacrés, il ne pouvait y avoir place dans son âme que pour une pensée grave, paisible et sereine. Il signale une omission, et, en attendant qu'elle soit réparée où elle doit l'être, il la répare ici autant qu'il est en lui. Il donne à son père cette pauvre feuille de papier, tout ce qu'il a, en regrettant de n'avoir pas de granit. Il agit comme tout autre agirait dans la même situation. C'est donc tout simplement un devoir qu'il accomplit, rien de plus, rien de moins, et qu'il accomplit comme s'accomplissent les devoirs, sans bruit, sans colère, sans étonnement. Personne ne s'étonnera non plus de le voir faire ce qu'il fait. Après tout, la France peut bien, sans trop de souci, laisser tomber une feuille de son épaisse et glorieuse couronne; cette feuille, un fils doit la ramasser. Une nation est grande, une famille est petite; ce qui n'est rien pour l'une est tout pour l'autre. La France a le droit d'oublier, la famille a le droit de se souvenir.

24 juin 1837. — Paris.

A

JOSEPH-LÉOPOLD-SIGISBERT

COMTE HUGO

LIEUTENANT GÉNÉRAL DES ARMÉES DU ROI

NÉ EN 1774
VOLONTAIRE EN 1791
COLONEL EN 1803
GÉNÉRAL DE BRIGADE EN 1809
GOUVERNEUR DE PROVINCE EN 1810
LIEUTENANT GÉNÉRAL EN 1825
MORT EN 1828

NON INSCRIT SUR L'ARC DE L'ÉTOILE

SON FILS RESPECTUEUX
V. H.

LES VOIX INTÉRIEURES

I

Ce siècle est grand et fort; un noble instinct le mène;
Partout on voit marcher l'Idée en mission;
Et le bruit du travail, plein de parole humaine,
Se mêle au bruit divin de la création.

Partout, dans les cités et dans les solitudes,
L'homme est fidèle au lait dont nous le nourrissions;
Et dans l'informe bloc des sombres multitudes
La pensée en rêvant sculpte des nations.

L'échafaud vieilli croule, et la Grève se lave.
L'émeute se rendort. De meilleurs jours sont prêts.
Le peuple a sa colère et le volcan sa lave,
Qui dévaste d'abord et qui féconde après.

Des poëtes puissants, têtes par Dieu touchées,
Nous jettent les rayons de leurs fronts inspirés.
L'art a de frais vallons où les âmes penchées
Boivent la poésie à des ruisseaux sacrés.

Pierre à pierre, en songeant aux vieilles mœurs éteintes,
Sous la société qui chancelle à tous vents,
Le penseur reconstruit ces deux colonnes saintes,
Le respect des vieillards et l'amour des enfants.

Le devoir, fils du droit, sous nos toits domestiques
Habite comme un hôte auguste et sérieux:
Les mendiants groupés dans l'ombre des portiques
Ont moins de haine au cœur et moins de flamme aux yeux.

L'austère vérité n'a plus de portes closes.
Tout verbe est déchiffré. Notre esprit éperdu,
Chaque jour, en lisant dans le livre des choses,
Découvre à l'univers un sens inattendu.

O poëtes! le fer et la vapeur ardente
Effacent de la terre, à l'heure où vous rêvez,
L'antique pesanteur, à tout objet pendante,
Qui sous les lourds essieux broyait les durs pavés.

L'homme se fait servir par l'aveugle matière.
Il pense, il cherche, il crée! A son souffle vivant
Les germes dispersés dans la nature entière
Tremblent comme frissonne une forêt au vent!

Oui, tout va, tout s'accroit. Les heures fugitives
Laissent toutes leur trace. Un grand siècle a surgi.
Et, contemplant de loin de lumineuses rives,
L'homme voit son destin comme un fleuve élargi.

Mais, parmi ces progrès dont notre âge se vante,
Dans tout ce grand éclat d'un siècle éblouissant,
Une chose, ô Jésus, en secret m'épouvante,
C'est l'écho de ta voix qui va s'affaiblissant.

Avril 1837.

II

SUNT LACRYMÆ RERUM

I

Il est mort. Rien de plus. Nul groupe populaire,
Urne d'où se répand l'amour et la colère,
N'a jeté sur son nom pitié, gloire ou respect.
Aucun signe n'a lui. Rien n'a changé l'aspect
De ce siècle orageux; mer de récifs bordée,
Où le fait, ce flot sombre, écume sur l'idée.
Nul temple n'a gémi dans nos villes. Nul glas
N'a passé sur nos fronts criant : Hélas ! hélas !
La presse aux mille voix, cette louve hargneuse,
A peine a retourné sa tête dédaigneuse;
Nous ne l'avons pas vue, irritée et grondant,
Donner à cette pourpre un dernier coup de dent;
Et chacun vers son but, la marée à la grève,
La foule vers l'argent, le penseur vers son rêve,
Tout a continué de marcher, de courir,
Et rien n'a dit au monde : Un roi vient de mourir!

II

Sombres canons rangés devant les Invalides,
Comme des sphinx au pied des grandes pyramides,
Dragons d'airain, hideux, verts, énormes, béants,
Gardiens de ce palais, bâti pour des géants,
Qui dresse et fait au loin reluire à la lumière
Un casque monstrueux sur sa tête de pierre!
A ce bruit qui jadis vous eût fait rugir tous :
—Le roi de France est mort!—d'où vient qu'aucun de vous,
Comme un lion captif qui secoûrait sa chaîne,
Aucun n'a tressailli sur sa base de chêne,

Et n'a, se réveillant par un subit effort,
Dit à son noir voisin : — Le roi de France est mort! —
D'où vient qu'il s'est fermé sans vos salves funèbres,
Ce cercueil qu'on clouait là-bas dans les ténèbres?
Et que rien n'est sorti de vos mornes affûts,
Pas même, ô canons sourds, ce murmure confus
Qu'au vague battement de ses ailes livides
Le vent des nuits arrache à des armures vides?
C'est que, prostitués dans nos troubles civils,
Vous êtes comme nous fiers, sonores et vils!
C'est que, rouillés, vieillis, rivés à votre place,
Toujours agenouillés devant tout ce qui passe,
Retirés des combats, et dans ce coin obscur
Par des soldats boiteux gardés sous un vieux mur,
Vains foudres de parade oubliés de l'armée,
Autour de tout vainqueur faisant de la fumée,
Réservés pour la pompe et la solennité,
Vous avez pris racine en cette lâcheté!
Soyez flétris! canons que la guerre repousse,
Dont la voix sans terreur dans les fêtes s'émousse,
Vous qui glorifiez de votre cri profond
Ceux qui viennent, toujours, jamais ceux qui s'en vont!
Vous qui, depuis trente ans, noirs courtisans de bronze!
Avez, comme Henri quatre adorant Louis onze,
Toujours tout applaudi, toujours tout salué,
Vous taisant seulement quand le peuple a hué!
Lâches, vous préférez ceux que le sort préfère;
Dans le moule brûlant le fondeur pour vous faire
Mit l'étain et le cuivre et l'oubli du vaincu;
Car qui meurt exilé pour vous n'a pas vécu!
Car vos poumons de fer, où gronde une âpre haleine,
Sont muets pour Goritz, comme pour Sainte-Hélène!
Soyez flétris!

Mais non. C'est a nous, insensés,
Que le mépris revient. Vous nous obéissez.
Vous êtes prisonniers, et vous êtes esclaves.
La guerre qui vous fit de ses bouillantes laves
Vous fit pour la bataille, et nous vous avons pris
Pour vous éclabousser des fanges de Paris,
Pour vous sceller au seuil d'un palais centenaire,
Et pour vous mettre au ventre un éclair sans tonnerre!
C'est nous qu'il faut flétrir, nous qui, déshonorés,
Donnons notre âme abjecte à ces bronzes sacrés.
Nous passons dans l'opprobre; hélas! ils y demeurent!
Mornes captifs! le jour où des rois proscrits meurent,
Vous ne pouvez, jetant votre fumée à flots,
Prolonger sur Paris vos éclatants sanglots,
Et, pareils à des chiens liés à des murailles,
D'un hurlement plaintif suivre leurs funérailles!
Muets, et vos longs cous baissés vers les pavés,
Vous restez là pensifs, et, tristes, vous rêvez
Aux hommes, froids esprits, cœurs bas, âmes douteuses,
Qui font faire à l'airain tant de choses honteuses!

III

Vous vous taisez.—Mais moi, moi, dont parfois le chant
Se refuse à l'aurore et jamais au couchant,
Moi que jadis à Reims Charle admit comme un hôte,
Moi qui plaignis ses maux, moi qui blâmai sa faute,
Je ne me tairai pas. Je descendrai, courbe,
Jusqu'au caveau profond où dort ce roi tombé,
Je suspendrai ma lampe à cette voûte noire;
Et sans cesse, à côté de sa triste mémoire,
Mon esprit, dans ces temps d'oubli contagieux,
Fera veiller dans l'ombre un vers religieux!

Et que m'importe à moi qui, déployant mon aile,
Touche parfois d'en bas à la lyre éternelle,
A moi qui n'ai d'amour que pour l'onde et les champs,
Et pour tout ce qui souffre, excepté les méchants.
A moi qui prends souci, quand la nef s'aventure,
De tous les matelots risqués dans la mâture,
Et dont la pitié grave hésite quelquefois
De la sueur du peuple à la sueur des rois;
Que m'importe après tout que depuis six années
Ce roi fût retranché des têtes couronnées,
Froide ruine au bord de nos flots écumants,
Vain fantôme penché sur les événements!
Qu'il ne changeât de rien ni le poids ni le nombre,
Que, rasé dès longtemps, son front plongeât dans l'ombre,
Et que déjà, vieillard sans trône et sans pavois,
Il eût subi l'exil, première mort des rois!
Je le dirai sans peur que la haine renaisse,
Son avénement pur eut pour sœur ma jeunesse;
Saint-Remy nous reçut sous son mur triomphant
Tous deux le même jour, lui vieux, moi presque enfant;
Et moi je ne veux pas, harpe qu'il a connue,
Qu'on mette mon roi mort dans une bière nue!
Tandis qu'au loin la foule emplit l'air de ses cris,
L'auguste Piété, servante des proscrits,
Qui les ensevelit dans sa plus blanche toile,
N'aura pas, dans la nuit que son regard étoile,
Demandé vainement à ma pensée en deuil
Un lambeau de velours pour couvrir ce cercueil!

IV

Oh! que Versaille était superbe
Dans ces jours purs de tout affront
Où les prospérités en gerbe
S'épanouissaient sur son front!
Là, tout faste était sans mesure;
Là, tout arbre avait sa parure;
Là, tout homme avait sa dorure;
Tout du maître suivait la loi.
Comme au même but vont cent routes,
Là les grandeurs abondaient toutes;
L'Olympe ne pendait aux voûtes
Que pour compléter le grand roi!

Vers le temps où naissaient nos pères
Versailles rayonnait encor.
Les lions ont de grands repaires:
Les princes ont des palais d'or.
Chaque fois que, foule asservie,
Le peuple au cœur rongé d'envie
Contemplait du fond de sa vie
Ce fier château si radieux,
Rentrant dans sa nuit plus livide,
Il emportait dans son œil vide
Un éblouissement splendide
De rois, de femmes et de dieux!

Alors riaient dans l'espérance
Trois enfants sous ces nobles toits,
Les deux Louis, aînés de France,
Le beau Charles, comte d'Artois.
Tous trois nés sous les dais de soie,
Frêles enfants, mais pleins de joie
Comme ceux qu'un chaud soleil noie
De rayons purs sous le ciel bleu.
Oh! d'un beau sort quelle semence!
Près d'eux le roi d'où tout commence,
Au-dessous d'eux le peuple immense,
Au-dessus la bonté de Dieu!

V

Qui leur eût dit alors l'austère destinée?
Qui leur eût dit qu'un jour cette France, inclinée
Sous leurs fronts de fleurons chargés,
Ne se souviendrait d'eux ni de leur morne histoire,
Pas plus que l'Océan sans fond et sans mémoire
Ne se souvient des naufragés!

Que chaînes, lis, dauphins, un jour les Tuileries
Verraient l'illustre amas des vieilles armoiries
S'écrouler de leur plafond nu,
Et qu'en ces temps lointains que le mystère couvre
Un Corse, encore à naître, au noir fronton du Louvre
Sculpterait un aigle inconnu!

Que leur royal Saint-Cloud se meublait pour un autre;
Et qu'en ces fiers jardins du rigide Lenôtre,
Amour de leurs yeux éblouis!
Beaux parcs où dans les jeux croissait leur jeune force,
Les chevaux de Crimée un jour mordraient l'écorce
Des vieux arbres du grand Louis!

VI

Dans ces temps radieux, dans cette aube enchantée,
Dieu! comme avec terreur leur mère épouvantée
Les eût contre son cœur pressés, pâle et sans voix,
Si quelque vision, troublant ces jours de fêtes,
Eût jeté tout à coup sur ces fragiles têtes
Ce cri terrible : — « Enfants! vous serez rois tous trois! »
Et la voix prophétique aurait pu dire encore :
— « Enfants, que votre aurore est une triste aurore!
« Que les sceptres pour vous sont d'odieux présents!
« D'où vient donc que le Dieu qui punit Babylone
« Vous fait à pareille heure éclore au pied du trône?
« Et qu'avez-vous donc fait, ô pauvres innocents!

« Beaux enfants qu'on berce et qu'on flatte,
« Tout surpris, vous si purs, si doux.
« Que des vieux en robe écarlate
« Viennent vous parler à genoux!
« Quand les sévères Malesherbes
« Ont relevé leurs fronts superbes,
« Vous courez jouer dans les herbes,
« Sans savoir que tout doit finir,
« Et que votre race qui sombre
« Porte à ses deux bouts couverts d'ombre
« Ravaillac dans le passé sombre,
« Robespierre dans l'avenir!

« Dans ce Louvre où de vieux murs gardent
« Les portraits des rois hasardeux,
« Allez voir comme vous regardent
« Charles premier et Jacques deux!
« Sur vous un nuage s'étale.
« Sol étranger, terre natale,
« L'émeute, la guerre fatale,
« Dévoreront vos jours maudits.
« De vous trois, enfants, sur qui pèse
« L'antique masure française,
« Le premier sera Louis seize,
« Le dernier sera Charles dix!

« Que l'aîné, peu crédule à la vie, à la gloire,
« Au peuple ivre d'amour, sache d'une nuit noire
« D'avance emplir son cœur de courage pourvu :
« Qu'il rêve un ciel de pluie, un tombereau qui roule,
« Et là-bas, tout au fond, au-dessus de la foule,
« Quelque étrange échafaud dans la brume entrevu!

« Frères par la naissance et par le malheur frères,
« Les deux autres fuiront, battus des vents contraires,
« Le règne de Louis, roi de quelques bannis,
« Commence dans l'exil, celui de Charle y tombe.
« L'un n'aura pas de sacre et l'autre pas de tombe.
« A l'un Reims doit manquer, à l'autre Saint-Denis! »

VII

Quel rêve horrible! — C'est l'histoire
De nos pères couchés dans les tombeaux profonds.
Ce qu'aucun n'aurait voulu croire,
Nous l'avons vu, nous qui vivons!

Tous ces maux, et d'autres encore,
Sont tombés sur ces fronts de la main du Seigneur.
Maintenant croyez à l'aurore!
Maintenant croyez au bonheur!

Croyez au ciel pur et sans rides!
Saluez l'avenir qui vous flatte si bien!
L'avenir, fantôme aux mains vides
Qui promet tout et qui n'a rien!

O rois! ô familles tronquées!
Brusques écroulements des vieilles majestés!
O calamités embusquées
Au tournant des prospérités!

Tout colosse a des pieds de sable.
Votre abîme est, Seigneur, un abîme infini.
Louis quinze fut le coupable,
Louis seize fut le puni!

La peine se trompe et dévie;
Celui qui fit le mal, — c'est la loi du Très-Haut,
A le trône et la longue vie,
Et l'innocent a l'échafaud.

Les fautes que l'aïeul peut faire
Te poursuivront, ô fils! en vain tu t'en défends.
Quand il a neigé sous le père,
L'avalanche est pour les enfants!

Révolutions! mer profonde!
Que de choses, hélas! pleines d'enseignement,
Dans les ténèbres de votre onde
On voit flotter confusément!

VIII

Charles Dix! — Oh! le Dieu qui retire et qui donne
Forgea pour cette tête une lourde couronne!
L'empire était penchant, et les temps étaient durs.
Une ombre quand il vint couvrait encor nos murs,
L'ombre de l'empereur, figure colossale.
Peuple, armée, et la France, et l'Europe vassale,
Par cette vaste main pendant quinze ans pétris,
Demandaient un grand règne! et pour remplir Paris
Ainsi qu'après César Auguste remplit Rome,
Après Napoléon il fallait plus qu'un homme.

Charles ne fut qu'un homme. A ce faîte il eut peur
Le gouffre attire. Pris d'un vertige trompeur,
Dans l'abîme, fermant les yeux à la lumière,
Il se précipita la tête la première.
Silence à son tombeau! car tout vient de finir.
A peine il aura teint d'un vague souvenir
Le peuple à l'eau pareil, qui passe, clair ou sombre,
Près de tout sans en prendre autre chose que l'ombre!
Je n'aurai pas pour lui de reproches amers.
Je ne suis pas l'oiseau qui crie au bord des mers
Et qui, voyant tomber la foudre des nuées,
Jette aux marins perdus ses sinistres huées.
Des passions de tous isolé bien souvent,

Je n'ai jamais cherché les baisers que nous vend
Et l'hymne dont nous berce avec sa voix flatteuse
La popularité, cette grande menteuse.
Aussi n'attendez pas que j'achète aujourd'hui
Des louanges pour moi par des affronts pour lui.
Qu'un autre, aux rois déchus donnant un nom sévère,
Fasse un vil pilori de leur fatal calvaire;
Moi je n'affligerai pas plus, ô Charles dix!
Ton cercueil maintenant que ton exil jadis!

IX

Repose, fils de France, en ta tombe exilée!
Dormez, sire! — Il convient que cette ombre voilée,
Que ce vieux pasteur mort sans peuple et sans troupeaux,
Roi presque séculaire, ait au moins le repos.
Qu'il ait au moins la paix où la mort nous convie,
Puisqu'il eut le travail d'une si dure vie!
Peuple! soyons cléments! soyons forts! oublions!
Jamais l'odeur des morts n'attire les lions.
La haine d'un grand peuple est une haine grande
Qui veut que le pardon au sépulcre descende,
Et n'a pour ennemis que ceux qui sont debout.
Hélas! quel poids encor pourrions-nous après tout
Jeter sur ce vieillard cassé par la misère,
Qui dort sous le fardeau de la terre étrangère?

Roi, puissant, vous l'avez brisé; c'est un grand pas
Il faut l'épargner mort. Et moi, je ne crois pas
Qu'il soit digne du peuple en qui Dieu se reflète
De joindre au bras qui tue une main qui soufflète.

X

Nous, pasteurs des esprits, qui, du bord du chemin,
Regardons tous les pas que fait le genre humain,
Poëtes, par nos chants, penseurs, par nos idées,
Hâtons vers la raison les âmes attardées!
Hâtons l'ère où viendront s'unir d'un nœud loyal
Le travail populaire et le labeur royal;
Où colère et puissance auront fait leur divorce;
Où tous ceux qui sont forts auront peur de leur force,
Et d'un saint tremblement frémiront à la fois,
Rois, devant leurs devoirs, peuples, devant leurs droits!
Aidons tous ces grands faits que le Seigneur envoie
Pour ouvrir une route ou pour clore une voie,
Les révolutions dont la surface bout,
Les changements soudains qui font vaciller tout,
A dégager du fond des nuages de l'âme,
A poser au-dessus des lois comme une flamme
Ce sentiment profond en nous tous replié
Que l'homme appelle doute et la femme pitié!
Expliquons au profit de la sainte clémence
Ces hauts événements où l'Etat recommence,
Et qui font, quand l'œil va des vaincus aux vainqueurs,
Trembler la certitude humaine au fond des cœurs!
Faisons venir bientôt l'heure où l'on pourra dire
Que sur le froid sépulcre on ne doit rien écrire
Hors des mots de pardon, d'espérance et de paix;
Et que, l'empereur mort comme les vieux Capets,
On a tort d'exiler, lorsque rien ne bouillonne,
Eux de leur Saint-Denis et lui de sa colonne.
A quoi sert, Dieu clément, cette vaine action?
Et comment se fait-il que la proscription
Ne brise pas ses dents au marbre de la tombe?
N'est-ce donc pas assez que, cygne, aigle ou colombe,
Dès qu'un vent de malheur lui jette un nid de rois,
Sortant de ce bois noir qu'on appelle les lois,
Cette hyène, acharnée aux grandes races mortes,
Vienne là, sous nos murs, les ronger à nos portes!

Un jour, — mais nous serons couchés sous le gazon
Quand cette aube de Dieu blanchira l'horizon! —
Un jour on comprendra, même en changeant de règne,
Qu'aucune loi ne peut, sans que l'équité saigne,
Faire expier à tous ce qu'a commis un seul,
Et faire boire au fils ce qu'a versé l'aïeul.
On fera ce que nul aujourd'hui ne peut faire.
Quand un aiglon royal tombera de sa sphère,
On ne l'abattra pas sur l'aigle foudroyé.
Et, tout en gardant bien le droit qu'il a payé
De mettre le pouvoir sur un front comme un signe,
Et de donner le trône et le Louvre au plus digne,
Un grand peuple pourra, sans être épouvanté,
Voir un enfant de plus jouer dans la cité.
Car tous les cœurs diront: — C'est une juste aumône
De laisser la patrie à qui n'a plus le trône!
Alors, jetant enfin l'ancre dans un port sûr,
Ayant les biens germés sur nos maux, et l'azur
Du ciel nouveau dont Dieu nous donne la tempête,
Proscription! nos fils broiront du pied ta tête!
Démon qui tiens du tigre et qui tiens du serpent!
Dans les prospérités invisible et rampant,
Qui, lâche et patient, épiant en silence
Ce que dans son palais le roi dit, rêve ou pense,
Horrible, en attendant l'heure d'être lâché,
Vis, monstre ténébreux, sous le trône caché!

O poésie! au ciel ton vol se réfugie
Quand les partis hurlants luttent à pleine orgie,
Quand la nécessité sous son code étouffant
Brise le fort, le faible, hélas! l'innocent même,
Et, sourde et sans pitié, promène l'anathème
Du front blanc du vieillard au front pur de l'enfant!

Tu fuis alors à tire-d'aile
Vers le ciel éternel et pur,
Vers la lumière à tous fidèle,
Vers l'innocence, vers l'azur!
Afin que ta pureté fière
N'ait pas la fange et la poussière
Des vils chemins par nous frayés,
Et que, nuages et tempêtes,
Tout ce qui passe sur nos têtes
Ne puisse passer qu'à tes pieds!

Tu sais qu'étoile sans orbite
L'homme erre au gré de tous les vents;
Tu sais que l'injustice habite
Dans la demeure des vivants;
Et que nos cœurs sont des arènes
Où les passions souveraines,
Groupe horrible en vain combattu,
Lionnes, louves affamées,
Tigresses de taches semées,
Dévorent la chaste vertu!

Tout ce qui souffre est plein de haine,
Tout ce qui vit traîne un remords;
Les morts seuls ont rompu leur chaîne
Tout est méchant, hormis les morts.
Aussi, voyant partout la vie
Palpiter de rage et d'envie,
Et que parmi nous rien n'est beau,
Si parfois, oiseau solitaire,
Tu redescends sur cette terre,
Tu te poses sur un tombeau!

Novembre 1836.

III

Quelle est la fin de tout? la vie, ou bien la tombe?
Est-ce l'onde où l'on flotte? Est-ce l'ombre où l'on tombe?
De tant de pas croisés quel est le but lointain?
Le berceau contient-il l'homme ou bien le destin?
Sommes-nous ici-bas, dans nos maux, dans nos joies,
Des rois prédestinés ou de fatales proies?
O Seigneur, dites-nous, dites-nous, ô Dieu fort,
Si vous n'avez créé l'homme que pour le sort!
Si déjà le calvaire est caché dans la crèche!
Et si les nids soyeux, dorés par l'aube fraîche,
Où la plume naissante éclot parmi des fleurs,
Sont faits pour les oiseaux ou pour les oiseleurs!

Mars 1837.

IV

A L'ARC DE TRIOMPHE

I

Toi dont la courbe au loin, par le couchant dorée,
S'emplit d'azur céleste, arche démesurée;
Toi qui lèves si haut ton front large et serein,
Fait pour changer sous lui la campagne en abîme,
Et pour servir de base à quelque aigle sublime
Qui viendra s'y poser, et qui sera d'airain!

O vaste entassement ciselé par l'histoire!
Monceau de pierre assis sur un monceau de gloire!
Edifice inouï!
Toi que l'homme par qui notre siècle commence,
De loin, dans les rayons de l'avenir immense,
Voyait, tout ébloui!

Non, tu n'es pas fini quoique tu sois superbe!
Non! puisqu'aucun passant, dans l'ombre assis sur l'herbe,
Ne fixe un œil rêveur à ton mur triomphant,
Tandis que triviale, errante et vagabonde,
Entre tes quatre pieds toute la ville abonde
Comme une fourmilière aux pieds d'un éléphant!

A ta beauté royale il manque quelque chose.
Les siècles vont venir pour ton apothéose
Qui te l'apporteront.
Il manque sur ta tête un sombre amas d'années
Qui pendent pêle-mêle et toutes ruinées
Aux brèches de ton front!

Il te manque la ride et l'antiquité fière,
Le passé, pyramide où tout siècle a sa pierre,
Les chapiteaux brisés, l'herbe sur les vieux fûts;
Il manque sous ta voûte où notre orgueil s'élance
Ce bruit mystérieux qui se mêle au silence,
Le sourd chuchotement des souvenirs confus!

La vieillesse couronne et la ruine achève.
Il faut à l'édifice un passé dont on rêve,
Deuil, triomphe ou remords.
Nous voulons, en foulant son enceinte pavée,
Sentir dans la poussière à nos pieds soulevée
De la cendre des morts!

Il faut que le fronton s'effeuille comme un arbre.
Il faut que le lichen, cette rouille du marbre,
De sa lèpre dorée au loin couvre le mur;
Et que la vétusté, par qui tout art s'efface,
Prenne chaque sculpture et la ronge à la face,
Comme un avide oiseau qui dévore un fruit mûr.

Il faut qu'un vieux dallage ondule sous les portes,
Que le lierre, vivant grimpe aux acanthes mortes,
Que l'eau dorme aux fossés;
Que la cariatide, en sa lente révolte,
Se refuse, enfin lasse, à porter l'archivolte,
Et dise: C'est assez!

Ce n'est pas, ce n'est pas entre des pierres neuves
Que la bise et la nuit pleurent comme des veuves.
Hélas! d'un beau palais le débris est plus beau.
Pour que la lune émousse à travers la nuit sombre
L'ombre par le rayon et le rayon par l'ombre,
Il lui faut la ruine à défaut du tombeau!

Voulez-vous qu'une tour, voulez-vous qu'une église
Soient de ces monuments dont l'âme idéalise
La forme et la hauteur,
Attendez que de mousse elles soient revêtues,
Et laissez travailler à toutes les statues
Le temps, ce grand sculpteur!

Il faut que le vieillard, chargé de jours sans nombre,
Menant son jeune fils sous l'arche pleine d'ombre,
Nomme Napoléon comme on nomme Cyrus,
Et dise en la montrant de ses mains décharnées:
« Vois cette porte énorme! elle a trois mille années.
« C'est par là qu'ont passé des hommes disparus! »

II

Oh! Paris est la cité mère!
Paris est le lieu solennel
Où le tourbillon éphémère
Tourne sur un centre éternel!
Paris! feu sombre ou pure étoile!
Morne Isis couverte d'un voile!
Araignée à l'immense toile
Où se prennent les nations!
Fontaine d'urnes obsédée!
Mamelle sans cesse inondée
Où pour se nourrir de l'Idée
Viennent les générations!

Quand Paris se met à l'ouvrage
Dans sa forge aux mille clameurs,
A tout peuple heureux, brave ou sage,
Il prend ses lois, ses dieux, ses mœurs.
Dans sa fournaise, pêle-mêle,
Il fond, transforme et renouvelle
Cette science universelle
Qu'il emprunte à tous les humains;
Puis il rejette aux peuples blêmes
Leurs sceptres et leurs diadèmes,
Leurs préjugés et leurs systèmes,
Tout tordus par ses fortes mains!

Paris qui garde, sans y croire,
Les faisceaux et les encensoirs,
Tous les matins dresse une gloire,

Il faut que le vieillard, chargé de jours sans nombre,
Menant son jeune fils sous l'arche pleine d'ombre.
(Page 7.)

Eteint un soleil tous les soirs,
Avec l'idée, avec le glaive,
Avec la chose, avec le rêve,
Il refait, recloue et relève
L'échelle de la terre aux cieux;
Frère des Memphis et des Romes,
Il bâtit, au siècle où nous sommes,
Une Babel pour tous les hommes,
Un Panthéon pour tous les dieux!

Ville qu'un orage enveloppe!
C'est elle, hélas! qui nuit et jour
Réveille le géant Europe
Avec sa cloche et son tambour!
Sans cesse, qu'il veille ou qu'il dorme,
Il entend la cité difforme
Bourdonner sur sa tête énorme
Comme un essaim dans la forêt.
Toujours Paris s'écrie et gronde.
Nul ne sait, question profonde,
Ce que perdrait le bruit du monde
Le jour où Paris se tairait!

III

Il se taira pourtant! — après bien des aurores,
Bien des mois, bien des ans, bien des siècles couchés,
Quand cette rive où l'eau se brise aux ponts sonores
Sera rendue aux joncs murmurants et penchés;

Quand la Seine fuira de pierres obstruée,
Usant quelque vieux dôme écroulé dans ses eaux,
Attentive au doux vent qui porte à la nuée
Le frisson du feuillage et le chant des oiseaux,

Lorsqu'elle coulera, la nuit, blanche dans l'ombre,
Heureuse, en endormant son flot longtemps troublé,
De pouvoir écouter enfin ces voix sans nombre
Qui passent vaguement sous le ciel étoilé;

Quand de cette cité, folle et rude ouvrière,
Qui, hâtant les destins à ses murs réservés,
Sous son propre marteau s'en allant en poussière,
Met son bronze en monnaie et son marbre en pavés·

Paris. Jules Bonaventure, imprimeur.

Cet ange qui donne et qui tremble,
C'est l'aumône aux yeux de douceur.
(Page 13.)

Quand des toits, des clochers, des ruches tortueuses,
Des porches, des frontons, des dômes pleins d'orgueil
Qui faisaient cette ville, aux voix tumultueuses,
Touffue, inextricable et fourmillante à l'œil,

Il ne restera plus dans l'immense campagne,
Pour toute pyramide et pour tout panthéon,
Que deux tours de granit faites par Charlemagne,
Et qu'un pilier d'airain fait par Napoléon;

Toi, tu compléteras le triangle sublime!
L'airain sera la gloire et le granit la foi;
Toi, tu seras la porte ouverte sur la cime
Qui dit : Il faut monter pour venir jusqu'à moi!

Tu salûras là-bas cette église si vieille,
Cette colonne altière au nom toujours accru,
Debout peut-être encore, ou tombée, et pareille
Au clairon monstrueux d'un Titan disparu.

Et sur ces deux débris que les destins rassemblent,
Pour toi l'aube fera resplendir à la fois
Deux signes triomphants qui de loin se ressemblent
De près l'un est un glaive et l'autre est une croix!

Sur vous trois poseront mille ans de notre France.
La colonne est le chant d'un règne à peine ouvert;
C'est toi qui finiras l'hymne qu'elle commence.
Elle dit : Austerlitz! tu diras : Champaubert!

IV

Arche! alors tu seras éternelle et complète,
Quand tout ce que la Seine en son onde reflète
Aura fui pour jamais,
Quand de cette cité qui fut égale à Rome
Il ne restera plus qu'un ange, un aigle, un homme,
Debout sur trois sommets!

C'est alors que le roi, le sage, le poëte,
Tous ceux dont le passé presse l'âme inquiète,
T'admireront vivante auprès de Paris mort;

Et, pour mieux voir ta face où flotte un sombre rêve,
Lèveront à demi ton lierre ainsi qu'on lève
Un voile sur le front d'une aïeule qui dort!

Sur ton mur qui pour eux n'aura rien de vulgaire,
Ils chercheront nos mœurs, nos héros, notre guerre,
Tout pensifs à tes pieds;
Ils croiront voir, le long de ta frise animée,
Revivre le grand peuple avec la grande armée!
— « Oh! diront-ils! voyez!

« Là, c'est le régiment, ce serpent des batailles,
« Traînant sur mille pieds ses luisantes écailles,
« Qui tantôt, furieux, se roule aux pieds des tours,
« Tantôt, d'un mouvement formidable et tranquille,
« Troue un rempart de pierre et traverse une ville
« Avec son front sonore où battent vingt tambours!

« Là-haut, c'est l'empereur avec ses capitaines,
« Qui songe qu'il ira vers ces terres lointaines
« Où se tourne son char,
« Et s'il doit préférer pour vaincre ou se défendre
« La courbe d'Annibal ou l'angle d'Alexandre
« Au carré de César.

« Là, c'est l'artillerie aux cent gueules de fonte,
« D'où la fumée à flots monte, tombe et remonte.
« Qui broie une cité, détruit les garnisons,
« Ruine par la brèche incessamment accrue
« Tours, dômes, ponts, clochers, et, comme une charrue,
« Creuse une horrible rue à travers les maisons! »

Et tous les souvenirs qu'à ton front taciturne
Chaque siècle en passant versera de son urne
Leur reviendront au cœur.
Ils feront de ton mur jaillir ta vieille histoire,
Et diront, en posant un panache de gloire
Sur ton cimier vainqueur :

— « Oh! que tout était grand dans cette époque antique!
« Si les ans n'avaient pas dévasté ce portique,
« Nous en retrouverions encor bien des lambeaux!
« Mais le temps, grand semeur de la ronce et du lierre,
« Touche les monuments d'une main familière,
« Et déchire le livre aux endroits les plus beaux! »

V

Non, le temps n'ôte rien aux choses.
Plus d'un portique à tort vanté
Dans ses lentes métamorphoses
Arrive enfin à la beauté.
Sur les monuments qu'on révère
Le temps jette un charme sévère
De leur façade à leur chevet.
Jamais, quoiqu'il brise et qu'il rouille,
La robe dont il les dépouille
Ne vaut celle qu'il leur revêt.

C'est le temps qui creuse une ride
Dans un claveau trop indigent;
Qui sur l'angle d'un marbre aride
Passe son pouce intelligent;
C'est lui qui, pour couronner l'œuvre,
Mêle une vivante couleuvre
Aux nœuds d'une hydre de granit.
Je crois voir rire un toit gothique
Quand le temps dans sa frise antique
Ôte une pierre et met un nid!

Aussi, quand vous venez, c'est lui qui vous accueille;
Lui qui verse l'odeur du vague chèvrefeuille
Sur ce pavé souillé peut-être d'ossements;
Lui qui remplit d'oiseaux les sculptures farouches,
Met la vie en leurs flancs, et de leurs mornes bouches
Fait sortir mille cris charmants!

Si quelque Vénus toute nue
Gémit, pauvre marbre désert,
C'est lui, dans la verte avenue,
Qui la caresse et qui la sert.
A l'abri d'un porche héraldique
Sous un beau feuillage pudique
Il la cache jusqu'au nombril;
Et sous son pied blanc et superbe
Etend les mille fleurs de l'herbe,
Cette mosaïque d'avril!

La mémoire des morts demeure
Dans les monuments ruinés.
Là, douce et clémente, à toute heure
Elle parle aux fronts inclinés.
Elle est là, dans l'âme affaissée
Filtrant de pensée en pensée,
Comme une nymphe au front dormant
Qui, seule sous l'obscure voûte
D'où son eau suinte goutte à goutte,
Penche son vase tristement.

VI

Mais, hélas! hélas! dit l'histoire,
Bien souvent le passé couvre plus d'un secret
Dont sur un mur vieilli la tache reparait!
Toute ancienne muraille est noire.
Souvent, par le désert et par l'ombre absorbé,
L'édifice déchu ressemble au roi tombé.
Plus de gloire où n'est plus la foule.
Rome est humiliée et Venise est en deuil.
La ruine de tout commence par l'orgueil;
C'est le premier fronton qui croule!

Athène est triste, et cache au front du Parthénon
Les traces de l'Anglais et celles du canon,
Et, pleurant ses tours mutilées,
Rêve à l'artiste grec qui versa de sa main
Quelque chose de beau comme un sourire humain
Sur le profil des propylées!

Thèbe a des temples morts où rampe en serpentant
La vipère au front plat, au regard éclatant,
Autour de la colonne torse;
Et, seul, quelque grand aigle habite en souverain
Les piliers de Rhamsès, d'où les lames d'airain
S'en vont comme une vieille écorce!

Dans les débris de Gur, pleins du cri des hiboux,
Le tigre en marchant ploie et casse les bambous,
D'où s'envole le vautour chauve,
Et la lionne au pied d'un mur mystérieux
Met le groupe inquiet des lionceaux sans yeux
Qui fouillent sous son ventre fauve.

La morne Palenqué gît dans les marais verts.
A peine entre ses blocs d'herbe haute couverts
Entend-on le lézard qui bouge.
Ses murs sont obstrués d'arbres au fruit vermeil
Où volent, tout moirés par l'ombre et le soleil,
De beaux oiseaux de cuivre rouge!

Muette en sa douleur, Jumièges gravement
Etouffe un triste écho sous son portail normand,

Et laisse chanter sur ses tombes
Tous ses nids dans ses tours abrités et couvés,
D'où le souffle du soir fait sur les noirs pavés
Neiger des plumes de colombes!

Comme une mère sombre, et qui, dans sa fierté,
Cache sous son manteau son enfant souffleté,
L'Egypte au bord du Nil assise
Dans sa robe de sable enfonce enveloppés
Ses colosses camards à la face frappés
Par le pied brutal de Cambyse.

C'est que toujours les ans contiennent quelque affront.
Toute ruine, hélas! pleure et penche le front!

VII

Mais toi! rien n'atteindra ta majesté pudique.
Porte sainte! jamais ton marbre véridique
Ne sera profané.
Ton cintre virginal sera pur sous la nue;
Et les peuples à naître accourront tête nue
Vers ton front couronné!

Toujours le pâtre, au loin accroupi dans les seigles,
Verra sur ton sommet planer un cercle d'aigles.
Les chênes à tes blocs noûront leur large tronc.
La gloire sur ta cime allumera son phare.
Ce n'est qu'en te chantant une haute fanfare
Que sous ton arc altier les siècles passeront!

Jamais rien qui ressemble à quelque ancienne honte
N'osera sur ton mur, où le flot des ans monte,
Répandre sa noirceur.
Tu pourras, dans ces champs où vous resterez seules,
Contempler fièrement les deux tours tes aïeules,
La colonne ta sœur!

C'est qu'on n'a pas caché de crimes dans ta base,
Ni dans tes fondements de sang qui s'extravase!
C'est qu'on ne te fit point d'un ciment hasardeux!
C'est qu'aucun noir forfait, semé dans ta racine
Pour jeter quelque jour son ombre à ta ruine,
Ne mêle à tes lauriers son feuillage hideux!

Tandis que ces cités, dans leur cendre enfouies,
Furent pleines jadis d'actions inouïes,
Ivres de sang versé,
Si bien que le Seigneur a dit à la nature :
Refais-toi des palais dans cette architecture
Dont l'homme a mal usé!

Aussi tout est fini. Le chacal les visite;
Les murs vont décroissant sous l'herbe parasite,
L'étang s'installe et dort sous le dôme brisé;
Sur les Nérons sculptés marche la bête fauve;
L'antre se creuse où fut l'incestueuse alcôve.
Le tigre peut venir où le crime a passé!

VIII

Oh! dans ces jours lointains où l'on n'ose descendre,
Quand trois mille ans auront passé sur notre cendre,
A nous qui maintenant vivons, pensons, allons,
Quand nos fosses auront fait place à des sillons,
Si, vers le soir, un homme assis sur la colline
S'oublie à contempler cette Seine orpheline,
O Dieu! de quel aspect triste et silencieux
Les lieux où fut Paris étonneront ses yeux!
Si c'est l'heure où déjà des vapeurs sont tombées
Sur le couchant rougi de l'or des scarabées,
Si la touffe de l'arbre est noire sous le ciel,
Dans ce demi-jour pâle où plus rien n'est réel,
Ombre où la fleur s'endort, où s'éveille l'étoile,
De quel œil il verra, comme à travers un voile,
Comme un songe aux contours grandissants et noyés,
La plaine immense et brune apparaître à ses pieds,
S'élargir lentement dans le vague nocturne,
Et, comme une eau qui s'enfle et monte au bord de l'urne,
Absorbant par degrés forêt, coteau, gazon,
Quand la nuit sera noire, emplir tout l'horizon!
Oh! dans cette heure sombre où l'on croit voir les choses
Fuir, sous une autre forme étrangement écloses,
Quelle extase de voir dormir, quand rien ne luit,
Ces champs dont chaque pierre a contenu du bruit!
Comme il tendra l'oreille aux rumeurs indécises!
Comme il ira rêvant des figures assises
Dans le buisson penché, dans l'arbre au bord des eaux,
Dans le vieux pan de mur que lèchent les roseaux!
Qu'il cherchera de vie en ce tombeau suprême!
Et comme il se fera, s'éblouissant lui-même,
A travers la nuit trouble et les rameaux touffus,
Des visions de chars et de passants confus!
Mais non, tout sera mort. — Plus rien dans cette plaine
Qu'un peuple évanoui dont elle est encor pleine;
Que l'œil éteint de l'homme et l'œil vivant de Dieu,
Un arc, une colonne, et, là-bas, au milieu
De ce fleuve argenté dont on entend l'écume,
Une église échouée à demi dans la brume!

O spectacle! — ainsi meurt ce que les peuples font!
Qu'un tel passé pour l'âme est un gouffre profond!
Pour ce passant pieux quel poids que notre histoire!
Surtout si tout à coup réveillant sa mémoire,
L'année a ce soir-là ramené dans son cours
Une des grandes nuits, veilles de nos grands jours,
Où l'empereur, rêvant un lendemain de gloire,
Dormait en attendant l'aube d'une victoire!

Lorsqu'enfin, fatigué de songes, vers minuit,
Las d'écouter au seuil de ce monde détruit,
Après s'être accoudé longtemps, oubliant l'heure,
Au bord de ce néant immense où rien ne pleure,
Il aura lentement regagné son chemin;
Quand dans ce grand désert, pur de tout pas humain,
Rien ne troublera plus cette pudeur que Rome
Ou Paris ruiné doit avoir devant l'homme;
Lorsque la solitude, enfin libre et sans bruit,
Pourra continuer ce qu'elle fait la nuit,
Si quelque être animé veille encor dans la plaine,
Peut-être verra-t-il, comme sous une haleine,
Soudain un pâle éclair de ta tête jaillir,
Et la colonne au loin répondre et tressaillir,
Et ses soldats de cuivre et tes soldats de pierre
Ouvrir subitement leur pesante paupière!
Et tous s'entre-heurter, réveil miraculeux!
Tels que d'anciens guerriers d'un âge fabuleux
Qu'un noir magicien, loin des temps où nous sommes,
Jadis aurait faits marbre et qu'il referait hommes!
Alors l'aigle d'airain à ton faîte endormi,
Superbe, et tout à coup se dressant à demi,
Sur ces héros baignés du feu de ses prunelles
Secoûra largement ses ailes éternelles!
D'où viendra ce réveil? d'où viendront ces clartés?
Et ce vent qui, soufflant sur ces guerriers sculptés,
Les fera remuer sur ta face hautaine
Comme tremble un feuillage autour du tronc d'un chêne?
Qu'importe! Dieu le sait. Le mystère est dans tout.
L'un à l'autre à voix basse ils se diront : Debout!
Ceux de quatre-vingt-seize et de mil huit cent onze,
Ceux que conduit au ciel la spirale de bronze,
Ceux que scelle à la terre un socle de granit,
Tous, poussant au combat le cheval qui hennit,
Le drapeau qui se gonfle et le canon qui roule,
A l'immense mêlée ils se rûront en foule!

Alors on entendra sur ton mur les clairons,
Les bombes, les tambours, le choc des escadrons,
Les cris et le bruit sourd des plaines ébranlées,
Sortir confusément des pierres ciselées,
Et du pied au sommet du pilier souverain
Cent batailles rugir avec des voix d'airain!
Tout à coup, écrasant l'ennemi qui s'effare,
La victoire aux cent voix sonnera sa fanfare.
De la colonne à toi les cris se répondront.
Et puis tout se taira sur votre double front,
Une rumeur de fête emplira la vallée,
Et Notre-Dame au loin, aux ténèbres mêlée,
Illuminant sa croix ainsi qu'un labarum,
Vous chantera dans l'ombre un vague Te Deum.

Monument! voilà donc la rêverie immense
Qu'à ton ombre déjà le poëte commence!
Piédestal qu'eût aimé Bélénus ou Mithra!
Arche aujourd'hui guerrière, un jour religieuse!
Rêve en pierre ébauché! porte prodigieuse
D'un palais de géants qu'on se figurera!

Quand d'un lierre poudreux je couvre tes sculptures,
Lorsque je vois, au fond des époques futures,
La liste des héros sur ton mur constellé
Reluire et rayonner, malgré les destinées,
A travers les rameaux des profondes années,
Comme à travers un bois brille un ciel étoilé;

Quand ma pensée ainsi, vieillissant ton attique,
Te fait de l'avenir un passé magnifique,
Alors sous ta grandeur je me courbe effrayé,
J'admire, et, fils pieux, passant que l'art anime,
Je ne regrette rien devant ton mur sublime
Que Phidias absent et mon père oublié.

Février 1837

V

DIEU EST TOUJOURS LA

I

Quand l'été vient, le pauvre adore!
L'été, c'est la saison de feu,
C'est l'air tiède et la fraîche aurore;
L'été, c'est le regard de Dieu.

L'été, la nuit bleue et profonde
S'accouple au jour limpide et clair;
Le soir est d'or, la plaine est blonde,
On entend des chansons dans l'air.

L'été, la nature éveillée
Partout se répand en tous sens,
Sur l'arbre en épaisse feuillée,
Sur l'homme en bienfaits caressants.

Tout ombrage alors semble dire:
Voyageur, viens te reposer!
Elle met dans l'aube un sourire,
Elle met dans l'onde un baiser.

Elle cache et recouvre d'ombre,
Loin du monde sourd et moqueur,
Une lyre dans le bois sombre,
Une oreille dans notre cœur!

Elle donne vie et pensée
Aux pauvres de l'hiver sauvés,
Du soleil à pleine croisée,
Et le ciel pur qui dit: Vivez!

Sur les chaumières dédaignées
Par les maîtres et les valets,
Joyeuse, elle jette à poignées
Les fleurs qu'elle vend aux palais.

Son luxe aux pauvres seuls s'étale.
Ni les parfums ni les rayons
N'ont peur, dans leur candeur royale,
De se salir à des haillons.

Sur un toit où l'herbe frissonne
Le jasmin veut bien se poser.
Le lis ne méprise personne,
Lui qui pourrait tout mépriser!

Alors la masure où la mousse
Sur l'humble chaume a débordé
Montre avec une fierté douce
Son vieux mur de roses brodé.

L'aube alors de clartés baignée,
Entrant dans le réduit profond,
Dore la toile d'araignée
Entre les poutres du plafond.

Alors l'âme du pauvre est pleine.
Humble, il bénit ce dieu lointain
Dont il sent la céleste haleine
Dans tous les souffles du matin!

L'air le réchauffe et le pénètre.
Il fête le printemps vainqueur.
Un oiseau chante à sa fenêtre,
La gaité chante dans son cœur!

Alors, si l'orphelin s'éveille,
Sans toit, sans mère et priant Dieu,
Une voix lui dit à l'oreille:
« Eh bien! viens sous mon dôme bleu!

« Le Louvre est égal aux chaumières
Sous ma coupole de saphirs.
Viens sous mon ciel plein de lumières,
Viens sous mon ciel plein de zéphyrs!

« J'ai connu ton père et ta mère
Dans leurs bons et leurs mauvais jours.
Pour eux la vie était amère,
Mais moi je fus douce toujours.

« C'est moi qui sur leur sépulture
Ai mis l'herbe qui la défend.
Viens, je suis la grande nature!
Je suis l'aïeule, et toi l'enfant.

« Viens, j'ai des fruits d'or, j'ai des roses,
J'en remplirai tes petits bras;
Je te dirai de douces choses,
Et peut-être tu souriras !

« Car je voudrais te voir sourire,
Pauvre enfant si triste et si beau!
Et puis tout bas j'irais le dire
A ta mère dans son tombeau! »

Et l'enfant, à cette voix tendre,
De la vie oubliant le poids,
Rêve et se hâte de descendre
Le long des coteaux dans les bois

Là du plaisir tout a la forme;
L'arbre a des fruits, l'herbe a des fleurs;
Il entend dans le chêne énorme
Rire les oiseaux querelleurs.

Dans l'onde il mire son visage;
Tout lui parle; adieu son ennui!
Le buisson l'arrête au passage,
Et le caillou joue avec lui.

Le soir, point d'hôtesse cruelle
Qui l'accueille d'un front hagard.
Il trouve l'étoile si belle,
Qu'il s'endort à son doux regard!

— Oh! qu'en dormant rien ne t'oppresse!
Dieu sera là pour ton réveil! —
La lune vient qui le caresse
Plus doucement que le soleil.

Car elle a de plus molles trêves
Pour nos travaux et nos douleurs.
Elle fait éclore les rêves,
Lui ne fait naître que les fleurs!

Oh! quand la fauvette dérobe
Son nid sous les rameaux penchants,
Lorsqu'au soleil séchant sa robe
Mai tout mouillé rit dans les champs,

J'ai souvent pensé dans mes veilles
Que la nature au front sacré
Dédiait tout bas ses merveilles
A ceux qui l'hiver ont pleuré.

Pour tous et pour le méchant même
Elle est bonne, Dieu le permet,
Dieu le veut; mais surtout elle aime
Le pauvre que Jésus aimait!

Toujours sereine et pacifique,
Elle offre à l'auguste indigent
Des dons de reine magnifique,
Des soins d'esclave intelligent!

A-t-il faim? au fruit de la branche
Elle dit: — Tombe, ô fruit vermeil
A-t-il soif? — Que l'onde s'épanche
A-t-il froid? — Lève-toi, soleil!

II

Mais, hélas! juillet fait sa gerbe,
L'été, lentement effacé,
Tombe feuille à feuille dans l'herbe,
Et jour à jour dans le passé.

Puis octobre perd sa dorure;
Et les bois dans les lointains bleus
Couvrent de leur rousse fourrure
L'épaule des coteaux frileux.

L'hiver des nuages sans nombre
Sort, et chassé l'été du ciel,
Pareil au temps, ce faucheur sombre
Qui suit le semeur éternel!

Le pauvre alors s'effraye et prie.
L'hiver, hélas! c'est Dieu qui dort;
C'est la faim livide et maigrie
Qui tremble auprès du foyer mort!

Il croit voir une main de marbre
Qui, mutilant le jour obscur,
Retire tous les fruits de l'arbre
Et tous les rayons de l'azur.

Il pleure, la nature est morte!
O rude hiver! ô dure loi!
Soudain un ange ouvre sa porte
Et dit en souriant: C'est moi!

Cet ange qui donne et qui tremble,
C'est l'aumône aux yeux de douceur,
Au front crédule, et qui ressemble
A la foi, dont elle est la sœur!

« Je suis la Charité, l'amie
« Qui se réveille avant le jour,
« Quand la nature est rendormie,
« Et que Dieu m'a dit: A ton tour!

« Je viens visiter la chaumière
« Veuve de l'été si charmant!
« Je suis fille de la prière,
« J'ai des mains qu'on ouvre aisément.

« J'accours, car la saison est dure.
« J'accours, car l'indigent a froid!
« J'accours, car la tiède verdure
« Ne fait plus d'ombre sur le toit!

« Je prie et jamais je n'ordonne.
« Chère à tout homme, quel qu'il soit,
« Je laisse la joie à qui donne,
« Et je l'apporte à qui reçoit. »

O figure auguste et modeste,
Où le Seigneur mêla pour nous
Ce que l'ange a de plus céleste,
Ce que la femme a de plus doux!

Au lit du vieillard solitaire
Elle penche un front gracieux,
Et rien n'est plus beau sur la terre,
Et rien n'est plus grand sous les cieux,

Lorsque, réchauffant leurs poitrines
Entre ses genoux triomphants,
Elle tient dans ses mains divines
Les pieds nus des petits enfants!

Elle va dans chaque masure,
Laissant au pauvre réjoui

Le vin, le pain frais, l'huile pure
Et le courage épanoui!

Et le feu! le beau feu folâtre,
A la pourpre ardente pareil,
Qui fait qu'amené devant l'âtre
L'aveugle croit rire au soleil!

Puis elle cherche au coin des bornes,
Transis par la froide vapeur,
Ces enfants qu'on voit nus et mornes
Et se mourant avec stupeur.

Oh! voilà surtout ceux qu'elle aime!
Faibles fronts dans l'ombre engloutis!
Parés d'un triple diadème,
Innocents, pauvres et petits!

Ils sont meilleurs que nous ne sommes!
Elle leur donne en même temps
Avec le pain qu'il faut aux hommes,
Le baiser qu'il faut aux enfants!

Tandis que leur faim secourue
Mange ce pain de pleurs noyé,
Elle étend sur eux dans la rue
Son bras des passants coudoyé.

Et si, le front dans la lumière,
Un riche passe en ce moment,
Par le bord de sa robe altière
Elle le tire doucement!

Puis pour eux elle prie encore
La grande foule au cœur étroit,
La foule qui, dès qu'on l'implore,
S'en va comme l'eau qui décroît!

« — Oh! malheureux celui qui chante
« Un chant joyeux, peut-être impur,
« Pendant que la bise méchante
« Mord un pauvre enfant sous son mur!

« Oh! la chose triste et fatale,
« Lorsque chez le riche hautain
« Un grand feu tremble dans la salle,
« Reflété par un grand festin,

« De voir, quand l'orgie enrouée
« Dans la pourpre s'égaye et rit,
« A peine une toile trouée
« Sur les membres de Jésus-Christ!

« Oh! donnez-moi pour que je donne!
« J'ai des oiseaux nus dans mon nid.
« Donnez, méchants, Dieu vous pardonne;
« Donnez, ô bons, Dieu vous bénit!

« Heureux ceux que mon zèle enflamme!
« Qui donne aux pauvres prête à Dieu.
« Le bien qu'on fait parfume l'âme,
« On s'en souvient toujours un peu!

« Le soir, au seuil de sa demeure,
« Heureux celui qui sait encor
« Ramasser un enfant qui pleure,
« Comme un avare un sequin d'or!

« Le vrai trésor rempli de charmes,
« C'est un groupe pour vous priant
« D'enfants qu'on a trouvés en larmes
« Et qu'on a laissés souriant!

« Les biens que je donne à qui m'aime,
« Jamais Dieu ne les retira.
« L'or que sur le pauvre je sème
« Pour le riche au ciel germera! »

III

Oh! que l'été brille ou s'éteigne,
Pauvres, ne désespérez pas.
Le Dieu qui souffrit et qui règne
A mis ses pieds où sont vos pas!

Pour vous couvrir il se dépouille;
Bon même pour l'homme fatal
Qui, comme l'airain dans la rouille,
Va s'endurcissant dans le mal!

Tendre, même en buvant l'absinthe,
Pour l'impie au regard obscur
Qui l'insulte sans plus de crainte
Qu'un passant qui raye un vieux mur!

Ils ont beau traîner sur les claies
Ce Dieu mort dans leur abandon;
Ils ne font couler de ses plaies
Qu'un intarissable pardon.

Il n'est pas l'aigle altier qui vole,
Ni le grand lion ravisseur;
Il compose son auréole
D'une lumineuse douceur!

Quand sur nous une chaîne tombe,
Il la brise anneau par anneau.
Pour l'esprit il se fait colombe,
Pour le cœur il se fait agneau!

Vous pour qui la vie est mauvaise,
Espérez! il veille sur vous!
Il sait bien ce que cela pèse,
Lui qui tomba sur ses genoux!

Il est le Dieu de l'Evangile;
Il tient votre cœur dans sa main,
Et c'est une chose fragile
Qu'il ne veut pas briser enfin!

Lorsqu'il est temps que l'été meure
Sous l'hiver sombre et solennel,
Même à travers le ciel qui pleure
On voit son sourire éternel!

Car, sur les familles souffrantes,
L'hiver, l'été, la nuit, le jour,
Avec des urnes différentes
Dieu verse à grands flots son amour!

Et dans ses bontés éternelles
Il penche sur l'humanité
Ces mères aux triples mamelles,
La nature et la charité!

Février 1837.

VI

« Oh! vivons! disent-ils dans leur enivrement.
Voyez la longue table et le festin charmant
Qui rayonne dans nos demeures!
Nous semons tous nos biens n'importe en quels sillons!
Riches, nous dépensons, nous perdons, nous pillons
Nos onces d'or; jeunes, nos heures.

« Jette ta vieille Bible, ô jeune homme pieux!
Quitte église et collége, et viens chez nous! — Joyeux,
Entourés de cent domestiques,
Buvant, chantant, riant, nous n'insultons pas Dieu,
Et nous lui permettons de montrer son ciel bleu
Par le cintre de nos portiques!

« De quoi te servira ton labeur ennuyeux?
Sais-tu ce que diront les belles aux doux yeux
Dont le sourire vaut un trône?
— O jeune homme inutile! — Et puis elles riront.
— Oh! que de peine il prend pour donner à son front
La couleur de son livre jaune!

« Nous, éblouis de feux, de concerts, de seins nus,
Nous vivons! — Nous avons des bonheurs inconnus
A la foule avare et grossière,
Quand dans l'orchestre, où rien ne grandit qu'en tremblant,
La fanfare, tantôt montant, tantôt croulant,
S'enfle en onde ou vole en poussière!

« L'homme à tout ce qu'il fait dans tous les temps mêla
La musique et les chants. — Amis, c'est pour cela
Que la Guerre qui nous enivre,
Noble déesse à qui tout enfants nous songions,
Fait chanter en avant des sombres légions
Les clairons aux bouches de cuivre!

« O rois, pour vous la guerre et pour nous le plaisir!
Vous vivez par l'orgueil et nous par le désir.
Nous avons tous notre part d'âmes.
Nous avons, les uns craints et les autres aimés,
Vous les empires, nous les boudoirs parfumés,
Vous les hommes et nous les femmes.

« Prêtres, mages, docteurs, savants, nous font pitié!
Pauvres songeurs qui vont expliquant à moitié
L'ombre dont l'Eternel se voile,
Tantôt lisant un livre et hués des valets,
Tantôt assis la nuit sur le toit des palais,
Epelant d'étoile en étoile!

« Fous qui cherchent un centre au globe obscur du ciel! —
Nous, rions! — Il n'est rien ici-bas de réel
Que ce que tient la main de l'homme.
Donnons leur saint bonheur pour les plaisirs maudits.
Pour une Eve au front pur leur vague paradis,
Et leur sphère pour une pomme!

« Qu'est-ce que la science à côté de l'amour?
L'hiver donne la neige et le soleil le jour.
Aimons, chantons! trêve aux paroles.
Préférons, puisqu'enfin nos cœurs flambent encor,
Aux discours larmoyants le choc des coupes d'or,
Aux vieux sages les belles folles!

« Nature, nous buvons aux flots que tu répands!
Toujours nous nous hâtons de jouir aux dépens
Du penseur prudent qui diffère;
Nous ne songeons, prenant les biens sans les choisir,
Qu'à dissoudre ici-bas toute chose en plaisir.
Quant à Dieu, nous le laissons faire! »

Le sage cependant, qui songe à leur destin,
Ramasse tristement les miettes du festin,
Tandis que l'un l'autre ils s'enchantent;
Puis il donne ce pain aux pauvres oubliés,
Aux mendiants rêveurs, en leur disant : — Priez,
Priez pour ces hommes qui chantent!

Mars 1837.

VII

A VIRGILE

O Virgile! ô poëte! ô mon maître divin!
Viens, quittons cette ville au cri sinistre et vain,
Qui, géante, et jamais ne fermant la paupière,
Presse un fleuve écumant entre ses flancs de pierre,
Lutèce, si petite au temps de tes Césars,
Et qui jette aujourd'hui, cité pleine de chars,
Sous le nom éclatant dont le monde la nomme,
Plus de clarté qu'Athène et plus de bruit que Rome.
Pour toi qui dans les bois fais, comme l'eau des cieux,
Tomber de feuille en feuille un vers mystérieux,
Pour toi, dont la pensée emplit ma rêverie,
J'ai trouvé, dans une ombre où rit l'herbe fleurie,
Entre Buc et Meudon, dans un profond oubli,
— Et quand je dis Meudon, suppose Tivoli! —
J'ai trouvé, mon poëte, une chaste vallée
A des coteaux charmants nonchalamment mêlée,
Retraite favorable à des amants cachés,
Faite de flots dormants et de rameaux penchés,
Où midi baigne en vain de ses rayons sans nombre
La grotte et la forêt, frais asiles de l'ombre!
Pour toi je l'ai cherchée, un matin, fier, joyeux,
Avec l'amour au cœur et l'aube dans les yeux;
Pour toi je l'ai cherchée, accompagné de celle
Qui sait tous les secrets que mon âme recèle,
Et qui, seule avec moi sous les bois chevelus,
Serait ma Lycoris si j'étais ton Gallus.

Car elle a dans le cœur cette fleur large et pure,
L'amour mystérieux de l'antique nature!
Elle aime comme nous, maître, ces douces voix,
Ce bruit de nids joyeux qui sort des sombres bois,
Et le soir, tout au fond de la vallée étroite,
Les coteaux renversés dans le lac qui miroite,
Et, quand le couchant morne a perdu sa rougeur,
Les marais irrités des pas du voyageur,
Et l'humble chaume, et l'antre obstrué d'herbe verte,
Et qui semble une bouche avec terreur ouverte,
Les eaux, les prés, les monts, les refuges charmants,
Et les grands horizons pleins de rayonnements!

Maître! puisque voici la saison des pervenches,
Si tu veux, chaque nuit, en écartant les branches,
Sans éveiller d'échos à nos pas hasardeux,
Nous irons tous les trois, c'est-à-dire tous deux,
Dans ce vallon sauvage, et de la solitude,
Rêveurs, nous surprendrons la secrète attitude.

Elle aime comme nous, maître, ces douces voix,
Ce bruit de nids joyeux qui sort des sombres bois.
(Page 15.)

Dans la brune clairière où l'arbre au tronc noueux
Prend le soir un profil humain et monstrueux,
Nous laisserons fumer, à côté d'un cytise,
Quelque feu qui s'éteint sans pâtre qui l'attise,
Et, l'oreille tendue à leurs vagues chansons,
Dans l'ombre, au clair de lune, à travers les buissons,
Avides, nous pourrons voir à la dérobée
Les satyres dansants qu'imite Alphésibée.

Mars 18..

VIII

Venez que je vous parle, ô jeune enchanteresse!
Dante vous eût faite ange et Virgile déesse.
Vous avez le front haut, le pied vif et charmant,
Une bouche qu'entr'ouvre un bel air d'enjoûment,
Et vous pourriez porter, fière entre les plus fières,
La cuirasse d'azur des antiques guerrières.

Tout essaim de beautés, gynécée ou sérail,
Madame, admirerait vos lèvres de corail.
Cellini sourirait à votre grâce pure,
Et, dans un vase grec sculptant votre figure,
Il vous ferait sortir d'un beau calice d'or,
D'un lis qui devient femme en restant lis encor,
Ou d'un de ces lotus qui lui doivent la vie,
Étranges fleurs de l'art que la nature envie!

Venez que je vous parle, ô belle aux yeux divins!
Pour la première fois quand près de vous je vins,
Ce fut un jour doré. Ce souvenir, madame,
A-t-il comme en mon cœur son rayon dans votre âme?
Vous souriez. Mettez votre main dans ma main,
Venez. Le printemps rit, l'ombre est sur le chemin,
L'air est tiède, et là-bas, dans les forêts prochaines,
La mousse épaisse et verte abonde au pied des chênes.

Avril 18..

Paris. Jules Bonaventure, imprimeur.

Poëte! ta fenêtre était ouverte au vent,
Quand celle à qui tout bas ton cœur parle souvent
Sur ton fauteuil posait sa tête.

IX

PENDANT QUE LA FENÊTRE ÉTAIT OUVERTE

Poëte! ta fenêtre était ouverte au vent.
Quand celle à qui tout bas ton cœur parle souvent
Sur ton fauteuil posait sa tête .
— « Oh! disait-elle, ami, ne vous y fiez pas
« Parce que maintenant, attachée à vos pas,
« Ma vie à votre ombre s'arrête;

« Parce que mon regard est fixé sur vos yeux
« Parce que je n'ai plus de sourire joyeux
« Que pour votre grave sourire;
« Parce que, de l'amour me faisant un linceul,
« Je vous offre mon cœur comme un livre où vous seul
« Avez encor le droit d'écrire;

« Il n est pas dit qu'enfin je n'aurai pas un jour
« La curiosité de troubler votre amour
« Et d'alarmer votre œil sévère,
« Et l'inquiet caprice et le désir moqueur
« De renverser soudain la paix de votre cœur
« Comme un enfant renverse un verre!

« Hommes! vous voulez tous qu'une femme ait longtemps
« Des fiertés, des hauteurs; puis vous êtes contents,
« Dans votre orgueil que rien ne brise,
« Quand, aux feux de l'amour qui rayonne sur nous
« Pareille à ces fruits verts que le soleil fait doux,
« La hautaine devient soumise!

« Aimez-moi d'être ainsi! — Ces hommes, ô mon roi,
« Que vous voyez passer si froids autour de moi,
« Empressés près des autres femmes,

« Je n'y veux pas songer, car le repos vous plaît;
« Mais mon œil endormi ferait, s'il le voulait,
« De tous ces fronts jaillir des flammes! »

Elle parlait, charmante et fière et tendre encor,
Laissant sur le dossier de velours à clous d'or
Déborder sa manche traînante,
Et toi tu croyais voir à ce beau front si doux
Sourire ton vieux livre ouvert sur tes genoux,
Ton Iliade rayonnante!

Beau livre que souvent vous lisez tous les deux!
Elle aime comme toi ces combats hasardeux
Où la guerre agite ses ailes.
Femme, elle ne hait pas, en t'y voyant rêver,
Le poëte qui chante Hélène, et fait lever
Les plus vieux devant les plus belles.

Elle vient là, du haut de ses jeunes amours,
Regarder quelquefois dans le flot des vieux jours
Quelle ombre y fait cette chimère;
Car, ainsi que d'un mont tombent de vives eaux,
Le passé murmurant sort et coule à ruisseaux
De ton flanc, ô géant Homère!

Février 18...

X

A ALBERT DURER

Dans les vieilles forêts où la séve à grands flots
Court du fût noir de l'aune au tronc blanc des bouleaux,
Bien des fois, n'est-ce pas? à travers la clairière,
Pâle, effaré, n'osant regarder en arrière,
Tu t'es hâté, tremblant, et d'un pas convulsif,
O maître Albert Durer, ô vieux peintre pensif!

On devine, devant tes tableaux qu'on vénère,
Que dans les noirs taillis ton œil visionnaire
Voyait distinctement, par l'ombre recouverts
Le faune aux doigts palmés, le sylvain aux yeux verts,
Pan, qui revêt de fleurs l'antre où tu te recueilles,
Et l'antique dryade aux mains pleines de feuilles.

Une forêt pour toi c'est un monde hideux.
Le songe et le réel s'y mêlent tous les deux.
Là se penchent rêveurs les vieux pins, les grands ormes
Dont les rameaux tordus font cent coudes difformes,
Et dans ce groupe sombre agité par le vent
Rien n'est tout à fait mort ni tout à fait vivant.

Le cresson boit; l'eau court; les frênes sur les pentes,
Sous la broussaille horrible et les ronces grimpantes,
Contractent lentement leurs pieds noueux et noirs;
Les fleurs au cou de cygne ont les lacs pour miroirs;
Et sur vous qui passez et l'avez réveillée,
Mainte chimère étrange à la gorge écaillée,
D'un arbre entre ses doigts serrant les larges nœuds,
Du fond d'un antre obscur fixe un œil lumineux.

O végétation! esprit! matière! force!
Couverte de peau rude ou de vivante écorce!

Aux bois, ainsi que toi, je n'ai jamais erré,
Maître, sans qu'en mon cœur l'horreur ait pénétré,
Sans voir tressaillir l'herbe, et par le vent bercées,
Pendre à tous les rameaux de confuses pensées.
Dieu seul, ce grand témoin des faits mystérieux,
Dieu seul le sait, souvent, en de sauvages lieux,
J'ai senti, moi qu'échauffe une secrète flamme,
Comme moi palpiter et vivre avec une âme,
Et rire, et se parler dans l'ombre à demi-voix,
Les chênes monstrueux qui remplissent les bois.

Avril 1837.

XI

Puisqu'ici-bas toute âme
Donne à quelqu'un
Sa musique, sa flamme,
Ou son parfum;

Puisqu'ici toute chose
Donne toujours
Son épine ou sa rose
A ses amours;

Puisqu'avril donne aux chênes
Un bruit charmant;
Que la nuit donne aux peines
L'oubli dormant;

Puisque l'air à la branche
Donne l'oiseau;
Que l'aube à la pervenche
Donne un peu d'eau;

Puisque, lorsqu'elle arrive
S'y reposer,
L'onde amère à la rive
Donne un baiser;

Je te donne à cette heure,
Penché sur toi,
La chose la meilleure
Que j'aie en moi!

Reçois donc ma pensée,
Triste d'ailleurs,
Qui, comme une rosée,
T'arrive en pleurs!

Reçois mes vœux sans nombre,
O mes amours!
Reçois la flamme ou l'ombre
De tous mes jours!

Mes transports pleins d'ivresses,
Purs de soupçons!
Et toutes les caresses
De mes chansons!

Mon esprit qui sans voile
Vogue au hasard,

Et qui n'a pour étoile
Que ton regard!

Ma muse que les heures
Bercent rêvant,
Qui, pleurant quand tu pleures,
Pleure souvent!

Reçois mon bien céleste,
O ma beauté!
Mon cœur dont rien ne reste,
L'amour ôté!

Mai 18..

XII

A OL.

O poëte! je vais dans ton âme blessée
Remuer jusqu'au fond ta profonde pensée.

Tu ne l'avais pas vue encor, ce fut un soir,
A l'heure où dans le ciel les astres se font voir,
Qu'elle apparut soudain à tes yeux, fraîche et belle,
Dans un lieu radieux qui rayonnait moins qu'elle.
Ses cheveux petillaient de mille diamants;
Un orchestre tremblait à tous ses mouvements
Tandis qu'elle enivrait la foule haletante,
Blanche avec des yeux noirs, jeune, grande, éclatante.
Tout en elle était feu qui brille, ardeur qui rit.
La parole parfois tombait de son esprit
Comme un épi doré du sac de la glaneuse,
Ou sortait de sa bouche en vapeur lumineuse.
Chacun se récriait, admirant tour à tour
Son front plein de pensée éclose avant l'amour,
Son sourire entr'ouvert comme une vive aurore,
Et son ardente épaule, et, plus ardents encore,
Comme les soupiraux d'un centre étincelant,
Ses yeux où l'on voyait luire son cœur brûlant.
Elle allait et passait comme un oiseau de flamme,
Mettant sans le savoir le feu dans plus d'une âme,
Et dans les yeux fixés sur tous ses pas charmants
Jetant de toutes parts des éblouissements!

Toi, tu la contemplais, n'osant approcher d'elle,
Car le baril de poudre a peur de l'étincelle.

Mai 1837.

XIII

Jeune homme, ce méchant fait une lâche guerre.
Ton indignation ne l'épouvante guère.
Crois-moi donc, laisse en paix, jeune homme au noble cœur,
Ce Zoïle à l'œil faux, ce malheureux moqueur.
Ton mépris? mais c'est l'air qu'il respire. Ta haine?
La haine est son odeur, sa sueur, son haleine.
Il sait qu'il peut souiller sans peur les noms fameux,
Et que pour qu'on le touche il est trop venimeux.
Il ne craint rien; pareil au champignon difforme
Poussé dans une nuit au pied d'un chêne énorme,
Qui laisse les chevreaux autour de lui paissant
Essayer leur dent folle à l'arbuste innocent;
Sachant qu'il porte en lui des vengeances trop sûres,
Tout gonflé de poison il attend les morsures.

Février 1836.

XIV

AVRIL. — A LOUIS B.

Louis, voici le temps de respirer les roses,
Et d'ouvrir bruyamment les vitres longtemps closes;
Le temps d'admirer en rêvant
Tout ce que la nature a de beautés divines
Qui flottent sur les monts, les bois et les ravines
Avec l'onde, l'ombre et le vent!

Louis, voici le temps de reposer son âme
Dans ce calme sourire empreint de vague flamme
Qui rayonne au front du ciel pur;
De dilater son cœur ainsi qu'une eau qui fume,
Et d'en faire envoler la nuée et la brume
A travers le limpide azur!

O Dieu! que les amants sous les vertes feuillées
S'en aillent, par l'hiver pauvres ailes mouillées!
Qu'ils errent, joyeux et vainqueurs!
Que le rossignol chante, oiseau dont la voix tendre
Contient de l'harmonie assez pour en répandre
Sur tout l'amour qui sort des cœurs!

Que blé qui monte, enfant qui joue, eau qui murmure,
Fleur rose où le semeur rêve une pêche mûre,
Que tout semble rire ou prier!
Que le chevreau gourmand, furtif et plein de grâces,
De quelque arbre incliné mordant les feuilles basses,
Fasse accourir le chevrier!

Qu'on songe aux deuils passés en se disant: Qu'était-ce?
Que rien sous le soleil ne garde de tristesse!
Qu'un nid chante sur les vieux troncs!
Nous, tandis que de joie au loin tout vibre et tremble,
Allons dans la forêt, et là, marchant ensemble,
Si vous voulez, nous songerons,

Nous songerons tous deux à cette belle fille
Qui dort là-bas sous l'herbe où le bouton d'or brille,
Où l'oiseau cherche un grain de mil,
Et qui voulait avoir, et qui, triste chimère,
S'était fait cet hiver promettre par sa mère
Une robe verte en avril.

Avril 1837

XV

LA VACHE

Devant la blanche ferme où parfois vers midi
Un vieillard vient s'asseoir sur le seuil attiédi,
Où cent poules gaîment mêlent leurs crêtes rouges,
Où, gardiens du sommeil, les dogues dans leurs bouges
Ecoutent les chansons du gardien du réveil,
Du beau coq vernissé qui reluit au soleil,
Une vache était là tout à l'heure arrêtée.
Superbe, énorme, rousse, et de blanc tachetée,
Douce comme une biche avec ses jeunes faons,
Elle avait sous le ventre un beau groupe d'enfants,

D'enfants aux dents de marbre, aux cheveux en broussailles,
Frais, et plus charbonnés que de vieilles murailles,
Qui, bruyants, tous ensemble, à grands cris appelant
D'autres qui, tout petits, se hâtaient en tremblant,
Dérobant sans pitié quelque laitière absente,
Sous leur bouche joyeuse et peut-être blessante
Et sous leurs doigts pressant le lait par mille trous,
Tiraient le pis fécond de la mère au poil roux.
Elle, bonne et puissante, et de son trésor pleine,
Sous leurs mains par moments faisant frémir à peine
Son beau flanc plus ombré qu'un flanc de léopard,
Distraite, regardait vaguement quelque part.

Ainsi, Nature! abri de toute créature!
O mère universelle! indulgente Nature!
Ainsi, tous à la fois, mystiques et charnels,
Cherchant l'ombre et le lait sous tes flancs éternels,
Nous sommes là, savants, poëtes, pêle-mêle,
Pendus de toutes parts à ta forte mamelle!
Et, tandis qu'affamés, avec des cris vainqueurs,
A tes sources sans fin désaltérant nos cœurs,
Pour en faire plus tard notre sang et notre âme,
Nous aspirons à flots ta lumière et ta flamme,
Les feuillages, les monts, les prés verts, le ciel bleu,
Toi, sans te déranger, tu rêves à ton Dieu!

Mai 1837.

XVI

PASSÉ

C'était un grand château du temps de Louis Treize.
Le couchant rougissait ce palais oublié.
Chaque fenêtre au loin, transformée en fournaise,
Avait perdu sa forme et n'était plus que braise.
Le toit disparaissait dans les rayons noyé.

Sous nos yeux s'étendait, gloire antique abattue,
Un de ces parcs dont l'herbe inonde le chemin,
Où dans un coin, de lierre à demi revêtue,
Sur un piédestal gris, l'Hiver, morne statue,
Se chauffe avec un feu de marbre sous sa main.

O deuil! le grand bassin dormait, lac solitaire,
Un Neptune verdâtre y moisissait dans l'eau.
Les roseaux cachaient l'onde et l'eau rongeait la terre,
Et les arbres mêlaient leur vieux branchage austère,
D'où tombaient autrefois des rimes pour Boileau.

On voyait par moments errer dans la futaie
De beaux cerfs qui semblaient regretter les chasseurs;
Et, pauvres marbres blancs qu'un vieux tronc d'arbre étaie,
Seules, sous la charmille, hélas! changée en haie,
Soupirer Gabrielle et Vénus, ces deux sœurs!

Les manteaux relevés par la longue rapière,
Hélas! ne passaient plus dans ce jardin sans voix;
Les tritons avaient l'air de fermer la paupière;
Et, dans l'ombre, entr'ouvrant ses mâchoires de pierre,
Un vieux antre ennuyé bâillait au fond du bois.

Et je vous dis alors : — Ce château dans son ombre
A contenu l'amour, frais comme en votre cœur,
Et la gloire, et le rire, et les fêtes sans nombre,
Et toute cette joie aujourd'hui le rend sombre,
Comme un vase noirci rouillé par sa liqueur.

Dans cet antre, où la mousse a recouvert la dalle,
Venait, les yeux baissés et le sein palpitant,
Ou la belle Caussade ou la jeune Candale,
Qui, d'un royal amant conquête féodale,
En entrant disait Sire, et Louis en sortant.

Alors comme aujourd'hui, pour Candale ou Caussade,
La nuée au ciel bleu mêlait son blond duvet,
Un doux rayon dorait le toit grave et maussade,
Les vitres flamboyaient sur toute la façade,
Le soleil souriait, la nature rêvait!

Alors comme aujourd'hui, deux cœurs unis, deux âmes,
Erraient sous ce feuillage où tant d'amour a lui;
Il nommait sa duchesse un ange entre les femmes,
Et l'œil plein de rayons et l'œil rempli de flammes
S'éblouissaient l'un l'autre, alors comme aujourd'hui.

Au loin dans le bois vague on entendait des rires.
C'étaient d'autres amants, dans leur bonheur plongés
Par moments un silence arrêtait leurs délires.
Tendre, il lui demandait : D'où vient que tu soupires?
Douce, elle répondait : D'où vient que vous songez?

Tous deux, l'ange et le roi, les mains entrelacées,
Ils marchaient, fiers, joyeux, foulant le vert gazon;
Ils mêlaient leurs regards, leur souffle, leurs pensées... —
O temps évanouis! ô splendeurs éclipsées!
O soleils descendus derrière l'horizon!

Avril 18...

XVII

SOIRÉE EN MER

Près du pêcheur qui ruisselle,
Quand tous deux, au jour baissant,
Nous errons dans la nacelle,
Laissant chanter l'homme frêle
Et gémir le flot puissant;

Sous l'abri que font les voiles
Lorsque nous nous asseyons,
Dans cette ombre où tu te voiles
Quand ton regard aux étoiles
Semble cueillir des rayons;

Quand tous deux nous croyons lire
Ce que la nature écrit,
Réponds, ô toi que j'admire,
D'où vient que mon cœur soupire?
D'où vient que ton front sourit?

Dis! d'où vient qu'à chaque lame,
Comme une coupe de fiel,
La pensée emplit mon âme?
C'est que moi je vois la rame
Tandis que tu vois le ciel!

C'est que je vois les flots sombres,
Toi, les astres enchantés!
C'est que, perdu dans leurs nombres,
Hélas! je compte les ombres
Quand tu comptes les clartés!

Chacun, c'est la loi suprême,
Rame, hélas! jusqu'à la fin.
Pas d'homme, ô fatal problème!
Qui ne laboure ou ne sème
Sur quelque chose de vain!

L'homme est sur un flot qui gronde,
L'ouragan tord son manteau.
Il rame en la nuit profonde,
Et l'espoir s'en va dans l'onde
Par les fentes du bateau.

Sa voile que le vent troue
Se déchire à tout moment,
De sa route l'eau se joue,
Les obstacles sur sa proue
Ecument incessamment!

Hélas! hélas! tout travaille
Sous tes yeux, ô Jéhova!
De quelque côté qu'on aille,
Partout un flot qui tressaille,
Partout un homme qui va!

Où vas-tu? — Vers la nuit noire.
Où vas-tu? — Vers le grand jour.
Toi? — Je cherche s'il faut croire.
Et toi? — Je vais à la gloire.
Et toi? — Je vais à l'amour.

Vous allez tous à la tombe!
Vous allez à l'inconnu!
Aigle, vautour, ou colombe,
Vous allez où tout retombe
Et d'où rien n'est revenu!

Vous allez où vont encore
Ceux qui font le plus de bruit!
Où va la fleur qu'avril dore!
Vous allez où va l'aurore!
Vous allez où va la nuit!

A quoi bon toutes ces peines:
Pourquoi tant de soins jaloux?
Buvez l'onde des fontaines,
Secouez le gland des chênes,
Aimez, et rendormez-vous!

Lorsqu'ainsi que des abeilles
On a travaillé toujours;
Qu'on a rêvé des merveilles;
Lorsqu'on a sur bien des veilles
Amoncelé bien des jours;

Sur votre plus belle rose,
Sur votre lis le plus beau,
Savez-vous ce qui se pose?
C'est l'oubli pour toute chose,
Pour tout homme le tombeau!

Car le Seigneur nous retire
Les fruits à peine cueillis.
Il dit: Echoue! au navire.
Il dit à la flamme: Expire!
Il dit à la fleur: Pâlis!

Il dit au guerrier qui fonde:
— Je garde le dernier mot.
Monte, monte, ô roi du monde!
La chute la plus profonde
Pend au sommet le plus haut. —

Il a dit à la mortelle:
— Vite! éblouis ton amant.
Avant de mourir sois belle.
Sois un instant étincelle,
Puis cendre éternellement!

Cet ordre auquel tu t'opposes
T'enveloppe et t'engloutit.
Mortel, plains-toi, si tu l'oses,
Au Dieu qui fit ces deux choses,
Le ciel grand, l'homme petit!

Chacun, qu'il doute ou qu'il nie,
Lutte en frayant son chemin;
Et l'éternelle harmonie
Pèse comme une ironie
Sur tout ce tumulte humain!

Tous ces faux biens qu'on envie
Passent comme un soir de mai.
Vers l'ombre, hélas! tout dévie.
Que reste-t-il de la vie
Excepté d'avoir aimé?

Ainsi je courbe ma tête
Quand tu redresses ton front.
Ainsi, sur l'onde inquiète,

J'écoute, sombre poëte,
Ce que les flots me diront.

Ainsi, pour qu'on me réponde,
J'interroge avec effroi;
Et dans ce gouffre où je sonde
La fange se mêle à l'onde... —
Oh! ne fais pas comme moi!

Que sur la vague troublée
J'abaisse un sourcil hagard;
Mais toi, belle âme voilée,
Vers l'espérance étoilée
Lève un tranquille regard!

Tu fais bien. Vois les cieux luire,
Vois les astres s'y mirer.
Un instinct là-haut t'attire.
Tu regardes Dieu sourire!
Moi, je vois l'homme pleurer!

Septembre 18...

XVIII

Dans Virgile parfois, dieu tout près d'être un ange,
Le vers porte à sa cime une lueur étrange.
C'est que, rêvant déjà ce qu'à présent on sait,
Il chantait presque à l'heure où Jésus vagissait.
C'est qu'à son insu même il est une des âmes
Que l'Orient lointain teignait de vagues flammes.
C'est qu'il est un des cœurs que, déjà, sous les cieux,
Dorait le jour naissant du Christ mystérieux!

Dieu voulait qu'avant tout, rayon du Fils de l'homme,
L'aube de Bethléem blanchît le front de Rome.

Mars 1837.

XIX

A UN RICHE

Jeune homme, je te plains; et cependant j'admire
Ton grand parc enchanté qui semble nous sourire,
Qui fait, vu de ton seuil, le tour de l'horizon,
Grave ou joyeux suivant le jour et la saison,
Coupé d'herbe et d'eau vive, et remplissant huit lieues
De ses vagues massifs et de ses ombres bleues.
J'admire ton domaine, et pourtant je te plains!
Car dans ces bois touffus de tant de grandeur pleins,
Où le printemps épanche un faste sans mesure,
Quelle plus misérable et plus pauvre masure
Qu'un homme usé, flétri, mort pour l'illusion,
Riche et sans volupté, jeune et sans passion,
Dont le cœur délabré, dans ses recoins livides,
N'a plus qu'un triste amas d'anciennes coupes vides,
Vases brisés qui n'ont rien gardé que l'ennui,
Et d'où l'amour, la joie et la candeur ont fui!
Oui, tu me fais pitié, toi qui crois faire envie!
Ce splendide séjour sur ton cœur, sur ta vie,
Jette une ombre ironique, et rit en écrasant
Ton front terne et chétif d'un cadre éblouissant.

Dis-moi : crois-tu, vraiment, posséder ce royaume
D'ombre et de fleurs, où l'arbre arrondi comme un dôme,
L'étang, lame d'argent que le couchant fait d'or,
L'allée entrant au bois comme un noir corridor,
Et là, sur la forêt, ce mont qu'une tour garde,
Font un groupe si beau pour l'âme qui regarde?
Lieu sacré pour qui sait dans l'immense univers,
Dans les prés, dans les eaux, et dans les vallons verts,
Retrouver les profils de la face éternelle
Dont le visage humain n'est qu'une ombre charnelle!

Que fais-tu donc ici? jamais on ne te voit,
Quand le matin blanchit l'angle ardoisé du toit,
Sortir, songer, cueillir la fleur, coupe irisée
Que la plante à l'oiseau tend pleine de rosée,
Et parfois t'arrêter, laissant pendre à ta main
Un livre interrompu, debout sur le chemin,
Quand le bruit du vent coupe en strophes incertaines
Cette longue chanson qui coule des fontaines.

Jamais tu n'as suivi de sommets en sommets
La ligne des coteaux qui fait rêver; jamais
Tu n'as joui de voir, sur l'eau qui le reflète,
Quelque saule noueux tordu comme un athlète.
Jamais, sévère esprit au mystère attaché,
Tu n'as questionné le vieux orme penché
Qui regarde à ses pieds toute la plaine vivre,
Comme un sage qui rêve attentif à son livre.

L'été, lorsque le jour est par midi frappé,
Lorsque la lassitude a tout enveloppé,
A l'heure où l'Andalouse et l'oiseau font la sieste,
Jamais le faon peureux, tapi dans l'antre agreste,
Ne te voit à pas lents, loin de l'homme importun,
Grave, et comme ayant peur de réveiller quelqu'un,
Errer dans les forêts ténébreuses et douces
Où le silence dort sur le velours des mousses.

Que te fait tout cela? les nuages des cieux,
La verdure et l'azur sont l'ennui de tes yeux.
Tu n'es pas de ces fous qui vont, et qui s'en vantent,
Tendant partout l'oreille aux voix qui partout chantent,
Rendant grâce au Seigneur d'avoir fait le printemps,
Qui ramassent un nid, ou contemplent longtemps
Quelque noir champignon, monstre étrange de l'herbe.
Toi, comme un sac d'argent, tu vois passer la gerbe.
Ta futaie, en avril, sous ses bras plus nombreux
A l'air de réclamer bien des pas amoureux,
Bien des cœurs soupirants, bien des têtes pensives;
Toi, qui jouis aussi sous ces branches massives,
Tu songes, calculant le taillis qui s'accroît,
Que Paris, ce vieillard qui, l'hiver, a si froid,
Attend, sous ses vieux quais percés de rampes neuves,
Ces longs serpents de bois qui descendent les fleuves!
Ton regard voit, tandis que notre œil flotte au loin,
Les blés d'or en farine et la prairie en foin;
Pour toi le laboureur est un rustre qu'on paie;
Pour toi toute fumée ondulant, noire ou gaie,
Sur le clair paysage, est un foyer impur
Où l'on cuit quelque viande à l'angle d'un vieux mur.
Quand le soir tend le ciel de ses moires ardentes,
Au dos d'un fort cheval assis, jambes pendantes,
Quand les bouviers hâlés, de leurs bras vigoureux,
Piquent tes bœufs géants qui par le chemin creux
Se hâtent pêle-mêle et s'en vont à la crèche,

Toi, devant ce tableau, tu rêves à la brèche
Qu'il faudra réparer, en vendant tes silos,
Dans ta rente qui tremble aux pas de don Carlos!
Au crépuscule, après un long jour monotone,
Tu t'enfermes chez toi. Les tièdes nuits d'automne
Versent leur chaste haleine aux coteaux veloutés.
Tu n'en sais rien. D'ailleurs, qu'importe! A tes côtés,
Belles, leurs bruns cheveux appliqués sur les tempes,
Fronts roses empourprés par le reflet des lampes,
Des femmes aux yeux purs sont assises, formant
Un cercle frais qui brode et cause doucement;
Toutes, dans leurs discours où rien n'ose apparaître,
Cachant leurs vœux, leur âme et leur cœur que peut-être
Embaume un vague amour, fleur qu'on ne cueille pas,
Parfum qu'on sentirait en se baissant tout bas.
Tu n'en sais rien. Tu fais, parmi ces élégies,
Tomber ton froid sourire, ou, sous quatre bougies,
D'autres hommes et toi, dans un coin attablés,
Autour d'un tapis vert, bruyants, vous querellez
Les caprices du whist, du brelan ou de l'hombre. —
La fenêtre est pourtant pleine de lune et d'ombre!

O risible insensé! vraiment, je te le dis,
Cette terre, ces prés, ces vallons arrondis,
Nids de feuilles et d'herbe où jasent les villages,
Ces blés où les moineaux font leurs joyeux pillages,
Ces champs, qui, l'hiver même, ont d'austères appas,
Ne t'appartiennent point : tu ne les comprends pas.

Vois-tu, tous les passants, les enfants, les poëtes,
Sur qui ton bois répand ses ombres inquiètes,
Le pauvre jeune peintre épris de ciel et d'air,
L'amant plein d'un seul nom, le sage au cœur amer,
Qui viennent rafraîchir dans cette solitude,
Hélas! l'un son amour et l'autre son étude,
Tous ceux qui, savourant la beauté de ce lieu,
Aiment, en quittant l'homme, à s'approcher de Dieu,
Et qui, laissant ici le bruit vague et morose
Des troubles de leur âme, y prennent quelque chose
De l'immense repos de la création,
Tous ces hommes, sans or et sans ambition,
Et dont le pied poudreux ou tout mouillé par l'herbe
Te fait rire, emporté par ton landau superbe,
Sont dans ce parc touffu, que tu crois sous ta loi,
Plus riches, plus chez eux, plus les maîtres que toi,
Quoique de leur forêt que ta main grille et mure
Tu puisses couper l'ombre et vendre le murmure!

Pour eux rien n'est stérile en ces asiles frais.
Pour qui les sait cueillir tout a des dons secrets.
De partout sort un flot de sagesse abondante.
L'esprit qu'a déserté la passion grondante
Médite à l'arbre mort, aux débris du vieux pont.
Tout objet dont le bois se compose répond
A quelque objet pareil dans la forêt de l'âme.
Un feu de pâtre éteint parle à l'amour en flamme.
Tout donne des conseils au penseur, jeune ou vieux.
On se pique aux chardons ainsi qu'aux envieux;
La feuille invite à croître; et l'onde, en coulant vite,
Avertit qu'on se hâte et que l'heure nous quitte.
Pour eux rien n'est muet, rien n'est froid, rien n'est mort.
Un peu de plume en sang leur éveille un remord;
Les sources sont des pleurs; la fleur qui boit aux fleuves
Leur dit : Souvenez-vous, ô pauvres âmes veuves!

Pour eux l'antre profond cache un songe étoilé :
Et la nuit, sous l'azur d'un beau ciel constellé,
L'arbre sur ses rameaux, comme à travers ses branches,
Leur montre l'astre d'or et les colombes blanches,
Choses douces aux cœurs par le malheur ployés,
Car l'oiseau dit : Aimez! et l'étoile : Croyez!

Voilà ce que chez toi verse aux âmes souffrantes
La chaste obscurité des branches murmurantes!
Mais toi, qu'en fais-tu, dis? — Tous les ans, en flots d'or,
Ce murmure, cette ombre, ineffable trésor,
Ces bruits de vent qui joue et d'arbre qui tressaille
Vont s'enfouir au fond de ton coffre qui bâille;
Et tu changes ces bois où l'amour s'enivra,
Toute cette nature, en loge à l'Opéra!

Encor si la musique arrivait à ton âme!
Mais entre l'art et toi l'or met son mur infâme.
L'esprit qui comprend l'art comprend le reste aussi.
Tu vas donc dormir là, sans te douter qu'ainsi
Que tous ces verts trésors que dévore ta bourse,
Gluck est une forêt et Mozart une source.

Tu dors; et quand parfois la mode, en souriant,
Te dit : Admire, riche! alors, joyeux, criant,
Tu surgis, demandant comment l'auteur se nomme,
Pourvu que toutefois la muse soit un homme!
Car tu te roidiras dans ton étrange orgueil
Si l'on t'apporte un soir quelque musique en deuil,
Urne que la pensée a chauffée à sa flamme,
Beau vase où s'est versé tout le cœur d'une femme.

O seigneur malvenu de ce superbe lieu!
Caillou vil incrusté dans ces rubis en feu!
Maître pour qui ces champs sont pleins de sourdes haines!
Gui parasite enflé de la sève des chênes!
Pauvre riche! — Vis donc, puisque cela pour toi
C'est vivre. Vis sans cœur, sans pensée et sans foi.
Vis pour l'or, chose vile, et l'orgueil, chose vaine.
Végète, toi qui n'as que du sang dans la veine,
Toi qui ne sens pas Dieu frémir dans le roseau,
Regarder dans l'aurore et chanter dans l'oiseau!

Car, — et bien que tu sois celui qui rit aux belles
Et, le soir, se récrie aux romances nouvelles, —
Dans les coteaux penchants où fument les hameaux,
Près des lacs, près des fleurs, sous les larges rameaux,
Dans tes propres jardins, tu vas aussi stupide,
Aussi peu clairvoyant dans ton instinct cupide,
Aussi sourd à la vie, à l'harmonie, aux voix,
Qu'un loup sauvage errant au milieu des grands bois!

Mai 1837.

XX

Regardez : les enfants se sont assis en rond.
Leur mère est à côté, leur mère au jeune front
Qu'on prend pour une sœur aînée;
Inquiète, au milieu de leurs jeux ingénus,
De sentir s'agiter leurs chiffres inconnus
Dans l'urne de la destinée.

Près d'elle naît leur rire et finissent leurs pleurs.
Et son cœur est si pur et si pareil aux leurs,
Et sa lumière est si choisie,
Qu'en passant à travers les rayons de ses jours
La vie aux mille soins, laborieux et lourds,
Se transfigure en poésie!

Toujours elle les suit, veillant et regardant;
Soit que janvier rassemble au coin de l'âtre ardent
Leur joie aux plaisirs occupée;
Soit qu'un doux vent de mai, qui ride le ruisseau,
Remue au-dessus d'eux les feuilles, vert monceau
D'où tombe une ombre découpée.

Parfois, lorsque, passant près d'eux, un indigent
Contemple avec envie un beau hochet d'argent

Regardez : les enfants se sont assis en rond.
Leur mère est à côté, leur mère au jeune front.
(Page 23.)

Que sa faim dévorante admire,
La mère est là ; pour faire, au nom du Dieu vivant,
Du hochet une aumône, un ange de l'enfant,
Il ne lui faut qu'un doux sourire !

Et moi qui, mère, enfants, les vois tous sous mes yeux,
Tandis qu'auprès de moi les petits sont joyeux
Comme des oiseaux sur les grèves,
Mon cœur gronde et bouillonne, et je sens lentement,
Couvercle soulevé par un flot écumant,
S'entr'ouvrir mon front plein de rêves.

Juin 1834.

XXI

Dans ce jardin antique où les grandes allées
Passent sous les tilleuls si chastes, si voilées,
Que toute fleur qui s'ouvre y semble un encensoir,
Où, marquant tous ses pas de l'aube jusqu'au soir,
L'heure met tour à tour dans les vases de marbre
Les rayons du soleil et les ombres de l'arbre,
Anges, vous le savez, oh ! comme avec amour,
Rêveur, je regardais dans la clarté du jour
Jouer l'oiseau qui vole et la branche qui plie,
Et de quels doux pensers mon âme était remplie,
Tandis que l'humble enfant dont je baise le front,
Avec son pas joyeux pressant mon pas moins prompt,
Marchait en m'entraînant vers la grotte où le lierre
Met une barbe verte au vieux fleuve de pierre !

Février 1837.

Paris. Jules Bonaventure, imprimeur.

... — Mais vous, que vous importe!
Vous avez retrouvé dehors la liberté.
(Page 26.)

XXII

A DES OISEAUX ENVOLÉS

Enfants! Oh! revenez! — Tout à l'heure, imprudent,
Je vous ai de ma chambre exilés en grondant,
Rauque et tout hérissé de paroles moroses.
Et qu'aviez-vous donc fait, bandits aux lèvres roses?
Quel crime? quel exploit? quel forfait insensé?
Quel vase du Japon en mille éclats brisé?
Quel vieux portrait crevé? quel beau missel gothique
Enrichi par vos mains d'un dessin fantastique?
Non, rien de tout cela. Vous aviez seulement,
Ce matin, restés seuls dans ma chambre un moment,
Pris, parmi ces papiers que mon esprit colore,
Quelques vers, groupe informe, embryons près d'éclore;
Puis vous les aviez mis, prompts à vous accorder,
Dans le feu, pour jouer, pour voir, pour regarder
Dans une cendre noire errer des étincelles,
Comme brillent sur l'eau de nocturnes nacelles,
Ou comme, de fenêtre en fenêtre, on peut voir
Des lumières courir dans les maisons le soir.

Voilà tout. Vous jouiez et vous croyiez bien faire.

Belle perte, en effet! beau sujet de colère!
Une strophe mal née au doux bruit de vos jeux,
Qui remuait les mots d'un vol trop orageux!
Une ode qui chargeait d'une rime gonflée
Sa stance paresseuse en marchant essoufflée!
De lourds alexandrins l'un sur l'autre enjambant
Comme des écoliers qui sortent de leur banc!
Un autre eût dit : — Merci! Vous ôtez une proie
Au feuilleton méchant qui bondissait de joie
Et d'avance poussait des rires infernaux
Dans l'antre qu'il se creuse au bas des grands journaux. —
Moi, je vous ai grondés. Tort grave et ridicule!
Nains charmants que n'eût pas voulu fâcher Hercule,

Moi, je vous ai fait peur. J'ai, rêveur triste et dur,
Reculé brusquement ma chaise jusqu'au mur,
Et, vous jetant ces noms dont l'envieux vous nomme,
J'ai dit : Allez-vous-en! laissez-moi seul!—Pauvre homme!
Seul! le beau résultat! le beau triomphe! seul!
Comme on oublie un mort roulé dans son linceul,
Vous m'avez laissé là, l'œil fixé sur ma porte,
Hautain, grave et puni. — Mais vous que vous importe!
Vous avez retrouvé dehors la liberté,
Le grand air, le beau parc, le gazon souhaité,
L'eau courante où l'on jette une herbe à l'aventure.
Le ciel bleu, le printemps, la sereine nature,
Ce livre des oiseaux et des bohémiens,
Ce poëme de Dieu qui vaut mieux que les miens,
Où l'enfant peut cueillir la fleur, strophe vivante,
Sans qu'une grosse voix tout à coup l'épouvante!
Moi! je suis resté seul, toute joie ayant fui,
Seul avec ce pédant qu'on appelle l'ennui.
Car, depuis le matin, assis dans l'antichambre,
Ce docteur né dans Londre, un dimanche, en décembre,
Qui ne vous aime pas, ô mes pauvres petits!
Attendait pour entrer que vous fussiez sortis.
Dans l'angle où vous jouiez, il est là qui soupire;
Et je le vois bâiller, moi qui vous voyais rire!

Que faire? lire un livre? oh non! dicter des vers?
A quoi bon? —Emaux bleus ou blancs, céladons verts,
Sphère qui fait tourner tout le ciel sur son axe,
Les beaux insectes peints sur mes tasses de Saxe,
Tout m'ennuie, et je pense à vous. En vérité,
Vous partis, j'ai perdu le soleil, la gaieté,
Le bruit joyeux qui fait qu'on rêve, le délire
De voir le tout petit s'aider du doigt pour lire,
Les fronts pleins de candeur qui disent toujours oui,
L'éclat de rire franc, sincère, épanoui,
Qui met subitement des perles sur les lèvres,
Les beaux grands yeux naïfs admirant mon vieux Sèvres,
La curiosité qui cherche à tout savoir,
Et les coudes qu'on pousse en disant : Viens donc voir!

Oh! certes, les esprits, les sylphes et les fées
Que le vent dans ma chambre apporte par bouffées,
Les gnomes accroupis là-haut, près du plafond,
Dans les angles obscurs que mes vieux livres font,
Les lutins familiers, nains à la longue échine,
Qui parlent dans les coins à mes vases de Chine,
Tout l'invisible essaim de ces démons joyeux
A dû rire aux éclats, quand là, devant leurs yeux,
Ils vous ont vus saisir dans la boîte aux ébauches
Ces hexamètres nus, boiteux, difformes, gauches,
Les traîner au grand jour, pauvres hiboux fâchés,
Et puis, battant des mains, autour du feu penchés,
De tous ces corps hideux soudain tirant une âme,
Avec ces vers si laids faire une belle flamme!

Espiègles radieux que j'ai fait envoler,
Oh! revenez ici chanter, danser, parler,
Tantôt, groupe folâtre, ouvrir un gros volume,
Tantôt courir, pousser mon bras qui tient ma plume,
Et faire dans le vers que je viens retoucher
Saillir soudain un angle aigu comme un clocher
Qui perce tout à coup un horizon de plaines.
Mon âme se réchauffe à vos douces haleines;
Revenez près de moi, souriant de plaisir,
Bruire et gazouiller, et sans peur obscurcir
Le vieux livre où je lis de vos ombres penchées,
Folles têtes d'enfants! gaîtés effarouchées!

J'en conviens; j'avais tort et vous aviez raison.
Mais qui n'a quelquefois grondé hors de saison?
Il faut être indulgent, nous avons nos misères.
Les petits pour les grands ont tort d'être sévères.
Enfants! chaque matin votre âme avec amour
S'ouvre à la joie ainsi que la fenêtre au jour.
Beau miracle vraiment, que l'enfant, gai sans cesse,
Ayant tout le bonheur, ait toute la sagesse!
Le destin vous caresse en vos commencements;
Vous n'avez qu'à jouer, et vous êtes charmants.
Mais nous, nous qui pensons, nous qui vivons, nous sommes
Hargneux, tristes, mauvais, ô mes chers petits hommes!
On a ses jours d'humeur, de déraison, d'ennui.
Il pleuvait ce matin. Il fait froid aujourd'hui.
Un nuage mal fait dans le ciel tout à l'heure
A passé. Que nous veut cette cloche qui pleure?
Puis on a dans le cœur quelque remords. Voilà
Ce qui nous rend méchants. Vous saurez tout cela,
Quand l'âge à votre tour ternira vos visages,
Quand vous serez plus grands, c'est-à-dire moins sages.

J'ai donc eu tort. C'est dit. Mais c'est assez punir,
Mais il faut pardonner, mais il faut revenir.
Voyons, faisons la paix, je vous prie à mains jointes.
Tenez, crayons, papiers, mon vieux compas sans pointes,
Mes laques et mes grès, qu'une vitre défend,
Tous ces hochets de l'homme enviés par l'enfant,
Mes gros Chinois ventrus faits comme des concombres,
Mon vieux tableau, trouvé sous d'antiques décombres,
Je vous livrerai tout, vous toucherez à tout!
Vous pourrez sur ma table être assis ou debout,
Et chanter, et traîner, sans que je me récrie,
Mon grand fauteuil de chêne et de tapisserie,
Et sur mon banc sculpté jeter tout à la fois
Vos jouets anguleux qui déchirent le bois!
Je vous laisserai même, et gaîment, et sans crainte,
O prodige! en vos mains tenir ma Bible peinte,
Que vous n'avez touchée encor qu'avec terreur,
Où l'on voit Dieu le père en habit d'empereur!

Et puis brûlez les vers dont ma table est semée,
Si vous tenez à voir ce qu'ils font de fumée!
Brûlez ou déchirez! — Je serais moins clément
Si c'était chez Méry, le poëte charmant,
Que Marseille la grecque, heureuse et noble ville,
Blonde fille d'Homère, a fait fils de Virgile.
Je vous dirais : — « Enfants! ne touchez que des yeux
A ces vers qui demain s'envoleront aux cieux.
Ces papiers, c'est le nid, retraite caressée,
Où du poëte ailé rampe encor la pensée.
Oh! n'en approchez pas! car les vers nouveau-nés,
Au manuscrit natal encore emprisonnés,
Souffrent entre vos mains innocemment cruelles.
Vous leur blessez le pied, vous leur froissez les ailes.
Et, sans vous en douter, vous leur faites ces maux
Que les petits enfants font aux petits oiseaux. » —

Mais qu'importe les miens! — Toute ma poésie,
C'est vous; et mon esprit suit votre fantaisie.
Vous êtes les reflets et les rayonnements
Dont j'éclaire mon vers si sombre par moments.
Enfants, vous dont la vie est faite d'espérance,
Enfants, vous dont la joie est faite d'ignorance,
Vous n'avez pas souffert, et vous ne savez pas,
Quand la pensée en nous a marché pas à pas,
Sur le poëte morne et fatigué d'écrire,
Quelle douce chaleur répand votre sourire.
Combien il a besoin, quand sa tête se rompt,
De la sérénité qui luit sur votre front;
Et quel enchantement l'enivre et le fascine,
Quand le charmant hasard de quelque cour voisine,
Où vous vous ébattez sur un arbre penchant,
Mêle vos joyeux cris à son douloureux chant!

Revenez donc, hélas! revenez dans mon ombre,
Si vous ne voulez pas que je sois triste et sombre,
Pareil, dans l'abandon où vous m'avez laissé,
Au pêcheur d'Etretat, d'un long hiver lassé,
Qui médite appuyé sur son coude, et s'ennuie
De voir à sa fenêtre un ciel rayé de pluie.

Avril 1837.

XXIII

A quoi je songe? — Hélas! loin du toit où vous êtes,
Enfants, je songe à vous! à vous, mes jeunes têtes,
Espoir de mon été déjà penchant et mûr,
Rameaux dont, tous les ans, l'ombre croît sur mon mur,
Douces âmes à peine au jour épanouies,
Des rayons de votre aube encor tout éblouies!
Je songe aux deux petits qui pleurent en riant,
Et qui font gazouiller sur le seuil verdoyant,
Comme deux jeunes fleurs qui se heurtent entre elles,
Leurs jeux charmants mêlés de charmantes querelles!
Et puis, père inquiet, je rêve aux deux aînés,
Qui s'avancent déjà de plus de flot baignés,
Laissant pencher parfois leur tête encor naïve,
L'un déjà curieux, l'autre déjà pensive!

Seul et triste au milieu des chants des matelots,
Le soir, sous la falaise, à cette heure où les flots,
S'ouvrant et se fermant comme autant de narines,
Mêlent au vent des cieux mille haleines marines,
Où l'on entend dans l'air d'ineffables échos
Qui viennent de la terre ou qui viennent des eaux,
Ainsi je songe! — à vous, enfants, maison, famille,
A la table qui rit, au foyer qui petille,
A tous les soins pieux que répandent sur vous
Votre mère si tendre et votre aïeul si doux;
Et tandis qu'à mes pieds s'étend, couvert de voiles,
Le limpide océan, ce miroir des étoiles,
Tandis que les nochers laissent errer leurs yeux
De l'infini des mers à l'infini des cieux;
Moi, rêvant à vous seuls, je contemple et je sonde
L'amour que j'ai pour vous dans mon âme profonde,
Amour doux et puissant qui toujours m'est resté,
Et cette grande mer est petite à côté!

Juillet 1836. — Saint-Val.-en-C. Écrit au bord de la mer.

XXIV

UNE NUIT QU'ON ENTENDAIT LA MER SANS LA VOIR

Quels sont ces bruits sourds?
Écoutez vers l'onde
Cette voix profonde
Qui pleure toujours
Et qui toujours gronde,
Quoiqu'un son plus clair
Parfois l'interrompe... —
Le vent de la mer
Souffle dans sa trompe.

Comme il pleut ce soir!
N'est-ce pas, mon hôte?
Là-bas, à la côte,
Le ciel est bien noir,
La mer est bien haute!
On dirait l'hiver;
Parfois on s'y trompe... —
Le vent de la mer
Souffle dans sa trompe.

Oh! marins perdus!
Au loin, dans cette ombre,
Sur la nef qui sombre,
Que de bras tendus
Vers la terre sombre!
Pas d'ancre de fer
Que le flot ne rompe. —
Le vent de la mer
Souffle dans sa trompe.

Nochers imprudents!
Le vent dans la voile
Déchire la toile
Comme avec les dents!
Là-haut pas d'étoile!
L'un lutte avec l'air,
L'autre est à la pompe. —
Le vent de la mer
Souffle dans sa trompe.

C'est toi, c'est ton feu
Que le nocher rêve,
Quand le flot s'élève,
Chandelier que Dieu
Pose sur la grève!
Phare au rouge éclair
Que la brume estompe!
Le vent de la mer
Souffle dans sa trompe.

Juillet 1836.

XXV

TENTANDA VIA EST

Ne vous effrayez pas, douce mère inquiète
Dont la bonté partout dans la maison s'émiette,
De le voir si petit, si grave et si pensif.
Comme un pauvre oiseau blanc qui, seul sur un récif,
Voit l'Océan vers lui monter du fond de l'ombre,
Il regarde déjà la vie immense et sombre.
Il rêve de la voir s'avancer pas à pas.
O mère au cœur divin, ne vous effrayez pas,
Vous en qui, — tant votre âme est un charmant mélange! —
L'ange voit un enfant et l'enfant voit un ange.
Allons, mère, sans trouble et d'un air triomphant
Baisez-moi le grand front de ce petit enfant.
Ce n'est pas un savant, ce n'est pas un prodige,
C'est un songeur; tant mieux. Soyez fière, vous dis-je!
La méditation du génie est la sœur,
Mère, et l'enfant songeur fait un homme penseur,
Et la pensée est tout, et la pensée ardente
Donne à Milton le ciel, donne l'enfer à Dante!
Un jour il sera grand. L'avenir glorieux
Attend, n'en doutez pas, l'enfant mystérieux
Qui veut savoir comment chaque chose se nomme,
Et questionne tout, un mur autant qu'un homme.
Qui sait si, ramassant à terre et sans effort
Le ciseau colossal de Michel-Ange mort,

Il ne doit pas, livrant au granit des batailles,
Faire au marbre étonné de superbes entailles ?
Ou comme Bonaparte ou bien François Premier,
Prendre, joueur d'échecs, l'Europe pour damier?
Qui sait s'il n'ira point, voguant à toute voile,
Ajoutant à son œil, que l'ombre humaine voile,
L'œil du long télescope au regard effrayant,
Ou l'œil de la pensée encor plus clairvoyant,
Saisir, dans l'azur vaste ou dans la mer profonde,
Un astre comme Herschell, comme Colomb un monde?

Qui sait? Laissez grandir ce petit sérieux.
Il ne voit même pas nos regards curieux.
Peut-être que déjà ce pauvre enfant fragile
Rêve, comme rêvait l'enfant qui fut Virgile,
Au combat qui poursuit le poëte éclatant,
Et qu'il veut aussi, lui, tenter, vaincre, et, sortant
Par un chemin nouveau de la sphère où nous sommes,
Voltiger, nom ailé, sur les bouches des hommes.

Juin 1835.

XXVI

Jeune fille, l'amour, c'est d'abord un miroir
Où la femme coquette et belle aime à se voir,
  Et, gaie ou rêveuse, se penche;
Puis, comme la vertu, quand il a votre cœur,
Il en chasse le mal et le vice moqueur,
  Et vous fait l'âme pure et blanche;

Puis on descend un peu, le pied vous glisse... — Alors
C'est un abîme! en vain la main s'attache aux bords,
  On s'en va dans l'eau qui tournoie! —
L'amour est charmant, pur et mortel. N'y crois pas!
Tel l'enfant, par un fleuve attiré pas à pas,
  S'y mire, s'y lave et s'y noie.

Février 1835.

XXVII

APRÈS UNE LECTURE DE DANTE

Quand le poëte peint l'enfer, il peint sa vie :
Sa vie, ombre qui fuit de spectres poursuivie,
Forêt mystérieuse où ses pas effrayés
S'égarent à tâtons hors des chemins frayés;
Noir voyage obstrué de rencontres difformes;
Spirale aux bords douteux, aux profondeurs énormes,
Dont les cercles hideux vont toujours plus avant
Dans une ombre où se meut l'enfer vague et vivant!
Cette rampe se perd dans la brume indécise;
Au bas de chaque marche une plainte est assise,
Et l'on y voit passer avec un faible bruit
Des grincements de dents blancs dans la sombre nuit.
Là sont les visions, les rêves, les chimères,
Les yeux que la douleur change en sources amères;
L'amour, couple enlacé, triste et toujours brûlant,
Qui dans un tourbillon passe une plaie au flanc;
Dans un coin la vengeance et la faim, sœurs impies,
Sur un crâne rongé côte à côte accroupies,
Puis la pâle misère, au sourire appauvri;
L'ambition, l'orgueil de soi-même nourri,
Et la luxure immonde et l'avarice infâme,
Tous les manteaux de plomb dont peut se charger l'âme!
Plus loin la lâcheté, la peur, la trahison
Offrant des clefs à vendre et goûtant du poison,
Et puis, plus bas encore, et tout au fond du gouffre,
Le masque grimaçant de la haine qui souffre!

Oui, c'est bien là la vie, ô poëte inspiré!
Et son chemin brumeux d'obstacles encombré.
Mais, pour que rien n'y manque, en cette route étroite,
Vous nous montrez toujours debout à votre droite
Le génie au front calme, aux yeux pleins de rayons,
Le Virgile serein qui dit : Continuons! -

Août 1836.

XXVIII

PENSAR, DUDAR

— A MADEMOISELLE LOUISE B. —

Je vous l'ai déjà dit, notre incurable plaie,
Notre nuage noir qu'aucun vent ne balaie,
Notre plus lourd fardeau, notre pire douleur,
Ce qui met sur nos fronts la ride et la pâleur,
Ce qui fait flamboyer l'enfer sur nos murailles,
C'est l'âpre anxiété qui nous tient aux entrailles,
C'est la fatale angoisse et le trouble profond
Qui fait que notre cœur en abîmes se fond,
Quand un matin le sort, qui nous a dans sa serre,
Nous mettant face à face avec notre misère,
Nous jette brusquement, lui notre maître à tous,
Cette question sombre : — Ame, que croyez-vous?
C'est l'hésitation redoutable et profonde
Qui prend, devant ce sphinx qu'on appelle le monde,
Notre esprit effrayé plus encor qu'ébloui,
Qui n'ose dire non et ne peut dire oui!
C'est là l'infirmité de toute notre race.
De quoi l'homme est-il sûr? qui demeure? qui passe?
Quel est le chimérique et quel est le réel?
Quand l'explication viendra-t-elle du ciel?
D'où vient qu'en nos sentiers que le sophisme encombre
Nous trébuchons toujours? d'où vient qu'esprits faits d'ombre,
Nous tremblons tous, la nuit, à l'heure où lentement
La brume monte au cœur ainsi qu'au firmament?
Que l'aube même est sombre et cache un grand problème?
Et que plus d'un penseur, ô misère suprême!
Jusque dans les enfants trouvant de noirs écueils,
Doute auprès des berceaux comme auprès des cercueils!

Voyez : cet homme est juste, il est bon; c'est un sage.
Nul fiel intérieur ne verdit son visage;
Si par quelques endroits son cœur est déjà mort,
Parmi tous ses regrets il n'a pas un remord;

Les ennemis qu'il a, s'il faut qu'il s'en souvienne,
Lui viennent de leur haine et non pas de la sienne;
C'est un sage — du temps d'Aurèle ou d'Adrien.
Il est pauvre et s'y plait. Il ne tombe plus rien
De sa tête vieillie, aux rumeurs apaisées,
Rien que des cheveux blancs et de douces pensées.
Tous les hommes pour lui d'un seul flanc sont sortis,
Et, frere aux malheureux, il est père aux petits.

Sa vie est simple, et fuit la ville qui bourdonne.
Les champs où tout guérit, les champs où tout pardonne,
Les villageois dansant au bruit des tambourins,
Quelque ancien livre grec où revivent, sereins,
Les vieux héros d'Athène et de Lacédémone,
Les enfants rencontrés à qui l'on fait l'aumône,
Le chien à qui l'on parle et dont l'œil vous comprend,
L'étude d'un insecte en des mousses errant,
Le soir, quelque humble vieille au logis ramenée:
Voilà de quels rayons est faite sa journée.
Chaque jour, car pour lui chaque jour passe ainsi,
Quand le soleil descend, il redescend aussi;
Il regagne, abordé des passants qui l'accueillent,
Son toit sur qui, l'hiver, de grands chênes s'effeuillent.
Si sa table, où jamais rien ne peut abonder,
N'a qu'un maigre repas, il sourit sans gronder
La servante au front gris, qui sous les ans chancelle,
A qui manque aujourd'hui la force et non le zèle,
Puis il rentre en sa chambre où le sommeil l'attend.
Et là, seul, que fait-il? lui, ce juste content,
Lui, ce cœur sans désirs, sans fautes et sans peines?
Il pense, il rêve, il doute..... — O ténèbres humaines!

Sombre loi! tout est donc brumeux et vacillant!

Oh! surtout dans ces jours où tout s'en va croulant,
Où le malheur saisit notre âme qui dévie,
Et souffle affreusement sur notre folle vie,
Où le sort envieux nous tient, où l'on n'a plus
Que le caprice obscur du flux et du reflux,
Qu'un livre déchiré, qu'une nuit ténébreuse,
Qu'une pensée en proie au gouffre qui se creuse,
Qu'un cœur désemparé de ses illusions,
Frêle esquif démâté, sur qui les passions,
Matelots furieux qu'en vain l'esprit écoute,
Trépignent, se battant pour le choix de la route:
Quand on ne songe plus, triste et mourant effort,
Qu'à chercher un salut, une boussole, un port,
Une ancre où l'on s'attache, un phare où l'on s'adresse,
Oh! comme avec terreur, pilotes en détresse,
Nous nous apercevons qu'il nous manque la foi,
La foi, ce pur flambeau qui rassure l'effroi,
Ce mot d'espoir écrit sur la dernière page,
Cette chaloupe où peut se sauver l'équipage!

Comment donc se fait-il, ô pauvres insensés!
Que nous soyons si fiers? — Dites, vous qui pensez,
Vous que le sort expose, âme toujours sereine,
Si modeste à la gloire et si douce à la haine,
Vous, dont l'esprit toujours égal et toujours pur,
Dans la calme raison, cet immuable azur,
Bien haut, bien loin de nous, brille, grave et candide,
Comme une étoile fixe au fond du ciel splendide,
Soleil que n'atteint pas, tant il est abrité,
Ce roulis de l'abîme et de l'immensité,
Où flottent, dispersés par les vents qui s'épanchent,
Tant d'astres fatigués et de mondes qui penchent!
Hélas! que vous devez méditer à côté
De l'arrogance unie à notre cécité!
Que vous devez sourire en voyant notre gloire!
Et, comme un feu brillant jette une vapeur noire,
Que notre fol orgueil au néant appuyé
Vous doit jeter dans l'âme une étrange pitié!

Hélas! ayez pitié, mais une pitié tendre;
Car nous écoutons tout sans pouvoir rien entendre!

Cette absence de foi, cette incrédulité,
Ignorance ou savoir, sagesse ou vanité,
Est-ce, de quelque nom que notre orgueil la nomme,
Le vice de ce siècle ou le malheur de l'homme?
Est-ce un mal passager? est-ce un mal éternel?
Dieu peut-être a fait l'homme ainsi pour que le ciel,
Plein d'ombre pour nos yeux, soit toujours notre étude?
Dieu n'a scellé dans l'homme aucune certitude.
Penser, ce n'est pas croire. A peine par moment
Entend-on une voix dire confusément:
— « Ne vous y fiez pas, votre œuvre est périssable!
« Tout ce que bâtit l'homme est bâti sur le sable;
« Ce qu'il fait tôt ou tard par l'herbe est recouvert,
« Ce qu'il dresse est dressé pour le vent du désert.
« Tous ces asiles vains où vous mettez votre âme,
« Gloire qui n'est que pourpre, amour qui n'est que flamme,
« L'altière ambition aux manteaux étoilés,
« Qui livre à tous les vents ses pavillons gonflés,
« La richesse toujours assise sur sa gerbe,
« La science de loin si haute et si superbe,
« Le pouvoir sous le dais, le plaisir sous les fleurs,
« Tentes que tout cela! l'édifice est ailleurs.
« Passez outre! cherchez plus loin les biens sans nombre.
« Une tente, ô mortels, ne contient que de l'ombre. »

On entend cette voix et l'on rêve longtemps.
Et l'on croit voir le ciel, moins obscur par instants,
Comme à travers la brume on distingue des rives,
Presque entr'ouvert, s'emplir de vagues perspectives!

Que croire? oh! j'ai souvent, d'un œil peut-être expert,
Fouillé ce noir problème où la sonde se perd!
Ces vastes questions dont l'aspect toujours change,
Comme la mer, tantôt cristal et tantôt fange,
J'en ai tout remué! la surface et le fond!
J'ai plongé dans ce gouffre et l'ai trouvé profond!

Je vous atteste, ô vents du soir et de l'aurore,
Etoiles de la nuit, je vous atteste encore,
Par l'austère pensée à toute heure asservi,
Que de fois j'ai tenté, que de fois j'ai gravi,
Seul, cherchant dans l'espace un point qui me réponde,
Ces hauts lieux d'où l'on voit la figure du monde!
Le glacier sur l'abîme ou le cap sur les mers!
Que de fois j'ai songé sur les sommets déserts,
Tandis que fleuves, champs, forêts, cités, ruines,
Gisaient derrière moi dans les plis des collines,
Que tous les monts fumaient comme des encensoirs,
Et qu'au loin l'Océan, répandant ses flots noirs,
Sculptant des fiers écueils la haute architecture,
Mêlait son bruit sauvage à l'immense nature!

Et je disais aux flots: Flots qui grondez toujours!
Je disais aux donjons, croulant avec leurs tours:
Tours où vit le passé! donjons que les années
Mordent incessamment de leurs dents acharnées!
Je disais à la nuit: Nuit pleine de soleils!
Je disais aux torrents, aux fleurs, aux fruits vermeils,
A ces formes sans nom que la mort décompose,
Aux monts, aux champs, aux bois: Savez-vous quelque chose?
Bien des fois, à cette heure où le soir et le vent
Font que le voyageur s'achemine en rêvant,
Je me suis dit en moi: — Cette grande nature,
Cette création qui sert la créature,
Sait tout! Tout serait clair pour qui la comprendrait! —
Comme un muet qui sait le mot d'un grand secret
Et dont la lèvre écume à ce mot qu'il déchire,
Il semble par moments qu'elle voudrait tout dire.
Mais Dieu le lui défend! En vain vous écoutez.
Aucun verbe en ces bruits l'un par l'autre heurtés!
Cette chanson qui sort des campagnes fertiles,
Mêlée à la rumeur qui déborde des villes,
Les tonnerres grondant, les vents plaintifs et sourds,
La vague de la mer, gueule ouverte toujours,
Qui vient, hurle, et s'en va, puis sans fin recommence,

Toutes ces voix ne sont qu'un bégaiment immense!

L'homme seul peut parler, et l'homme ignore, hélas!
Inexplicable arrêt! quoi qu'il rêve ici-bas,
Tout se voile à ses yeux sous un nuage austère;
Et l'âme du mourant s'en va dans le mystère!

Aussi repousser Rome et rejeter Sion,
Rire, et conclure tout par la négation,
Comme c'est plus aisé, c'est ce que font les hommes.
Le peu que nous croyons tient au peu que nous sommes.
Puisque Dieu l'a voulu, c'est qu'ainsi tout est mieux!
Plus de clartés peut-être aveuglerait nos yeux.
Souvent la branche casse où trop de fruit abonde.
Que deviendrions-nous si, sans mesurer l'onde,
Le Dieu vivant, du haut de son éternité,
Sur l'humaine raison versait la vérité?
Le vase est trop petit pour la contenir toute.
Il suffit que chaque âme en recueille une goutte,
Même à l'erreur mêlée! Hélas! tout homme en soi
Porte un obscur repli qui refuse la foi.
Dieu! la mort! mots sans fond qui cachent un abîme!
L'épouvante saisit le cœur le plus sublime
Dès qu'il s'est hasardé sur de si grandes eaux.
On ne les franchit pas tout d'un vol. Peu d'oiseaux
Traversent l'Océan sans reposer leur aile.
Il n'est pas de croyant si pur et si fidèle
Qui ne tremble et n'hésite à de certains moments.
Quelle âme est sans faiblesse et sans accablements?
Enfants! résignons-nous et suivons notre route.
Tout corps traîne son ombre, et tout esprit son doute.

Septembre 1835.

XXIX

A EUGÈNE, VICOMTE H.

Puisqu'il plut au Seigneur de te briser, poëte,
Puisqu'il plut au Seigneur de comprimer ta tête
De son doigt souverain,
D'en faire une urne sainte à contenir l'extase,
D'y mettre le génie et de sceller ce vase
Avec un sceau d'airain,

Puisque le Seigneur Dieu t'accorda, noir mystère!
Un puits pour ne point boire, une voix pour te taire,
Et souffla sur ton front,
Et, comme une nacelle errante et d'eau remplie,
Fit rouler ton esprit à travers la folie,
Cet océan sans fond,

Puisqu'il voulut ta chute, et que la mort glacée,
Seule, te fit revivre en rouvrant ta pensée
Pour un autre horizon;
Puisque Dieu, t'enfermant dans la cage charnelle,
Pauvre aigle, te donna l'aile et non la prunelle,
L'âme et non la raison;

Tu pars du moins, mon frère, avec ta robe blanche!
Tu retournes à Dieu comme l'eau qui s'épanche
Par son poids naturel!

Tu retournes à Dieu, tête de candeur pleine,
Comme y va la lumière et comme y va l'haleine
Qui des fleurs monte au ciel!

Tu n'as rien dit de mal, tu n'as rien fait d'étrange.
Comme une vierge meurt, comme s'envole un ange,
Jeune homme, tu t'en vas!
Rien n'a souillé ta main ni ton cœur; dans ce monde
Où chacun court, se hâte, et forge, et crie, et gronde,
A peine tu rêvas!

Comme le diamant, quand le feu le vient prendre,
Disparaît tout entier, et sans laisser de cendre
Au regard ébloui,
Comme un rayon s'enfuit sans rien jeter de sombre,
Sur la terre après toi tu n'as pas laissé d'ombre,
Esprit évanoui!

Doux et blond compagnon de toute mon enfance,
Oh! dis-moi, maintenant, frère marqué d'avance
Pour un morne avenir;
Maintenant que la mort a rallumé ta flamme,
Maintenant que la mort a réveillé ton âme,
Tu dois te souvenir!

Tu dois te souvenir de nos jeunes années!
Quand les flots transparents de nos deux destinées
Se côtoyaient encor,
Lorsque Napoléon flamboyait comme un phare,
Et qu'enfants nous prêtions l'oreille à sa fanfare
Comme une meute au cor!

Tu dois te souvenir des vertes Feuillantines,
Et de la grande allée où nos voix enfantines,
Nos purs gazouillements,
Ont laissé dans les coins des murs, dans les fontaines,
Dans le nid des oiseaux et dans le creux des chênes,
Tant d'échos si charmants!

O temps! jours radieux! aube trop tôt ravie!
Pourquoi Dieu met-il donc le meilleur de la vie
Tout au commencement?
Nous naissions! on eût dit que le vieux monastère
Pour nous voir rayonner ouvrait avec mystère
Son doux regard dormant.

T'en souviens-tu, mon frère? après l'heure d'étude,
Oh! comme nous courions dans cette solitude!
Sous les arbres blottis,
Nous avions, en chassant quelque insecte qui saute,
L'herbe jusqu'aux genoux, car l'herbe était bien haute,
Nos genoux bien petits

Vives têtes d'enfants par la course effarées,
Nous poursuivions dans l'air cent ailes bigarrées:
Le soir nous étions las;
Nous revenions, jouant avec tout ce qui joue,
Frais, joyeux, et tous deux baisés à pleine joue
Par notre mère, hélas!

Elle grondait: — Voyez comme ils sont faits! ces hommes!
Les monstres! ils auront cueilli toutes nos pommes.
Pourtant nous les aimons.
Madame, les garçons sont le souci des mères;
Car ils ont la fureur de courir dans les pierres
Comme font les démons! —

Puis un même sommeil, nous berçant comme un hôte,
Tous deux au même lit nous couchait côte à côte;
Puis un même réveil.

Puis, trempé dans un lait sorti chaud de l'étable,
Le même pain faisait rire à la même table
Notre appétit vermeil!

Et nous recommencions nos jeux, cueillant par gerbe
Les fleurs, tous les bouquets qui réjouissent l'herbe,
Le lis à Dieu pareil,
Surtout ces fleurs de flamme et d'or qu'on voit, si belles,
Luire à terre en avril comme des étincelles
Qui tombent du soleil!

On nous voyait tous deux, gaieté de la famille,
Le front épanoui, courir sous la charmille,
L'œil de joie enflammé... —
Hélas! hélas! quel deuil pour ma tête orpheline!
Tu vas donc désormais dormir sur la colline,
Mon pauvre bien-aimé!

Tu vas dormir là-haut sur la colline verte,
Qui, livrée à l'hiver, à tous les vents ouverte,
A le ciel pour plafond :
Tu vas dormir, poussière, au fond d'un lit d'argile;
Et moi je resterai parmi ceux de la ville
Qui parlent et qui vont!

Et moi je vais rester, souffrir, agir et vivre;
Voir mon nom se grossir dans les bouches de cuivre
De la célébrité;
Et cacher, comme à Sparte, en riant quand on entre,
Le renard envieux qui me ronge le ventre,
Sous ma robe abrité!

Je vais reprendre, hélas! mon œuvre commencée,
Rendre ma barque frêle à l'onde courroucée,
Lutter contre le sort;
Enviant souvent ceux qui dorment sans murmure,
Comme un doux nid couvé pour la saison future,
Sous l'aile de la mort!

J'ai d'austères plaisirs. Comme un prêtre à l'église,
Je rêve à l'art qui charme, à l'art qui civilise,
Qui change l'homme un peu,
Et qui, comme un semeur qui jette au loin sa graine,
En semant la nature à travers l'âme humaine,
Y fera germer Dieu!

Quand le peuple au théâtre écoute ma pensée,
J'y cours; et là, courbé vers la foule pressée,
L'étudiant de près,
Sur mon drame touffu dont le branchage plie
J'entends tomber ses pleurs comme la large pluie
Aux feuilles des forêts!

Mais quel labeur aussi! que de flots! quelle écume!
Surtout lorsque l'envie au cœur plein d'amertume,
Au regard vide et mort,
Fait, pour les vils besoins de ses luttes vulgaires,
D'une bouche d'ami qui souriait naguères
Une bouche qui mord!

Quelle vie! et quel siècle alentour! — Vertu, gloire,
Pouvoir, génie et foi, tout ce qu'il faudrait croire,
Tout ce que nous valons,
Le peu qui nous restait de nos splendeurs décrues,
Est traîné sur la claie et suivi dans les rues,
Par le rire en haillons!

Combien de calomnie et combien de bassesse!
Combien de pamphlets vils qui flagellent sans cesse
Quiconque vient du ciel,
Et qui font, la blessant de leur lance payée,
Boire à la Vérité, pâle et crucifiée,
Leur éponge de fiel!

Combien d'acharnement sur toutes les victimes!
Que de rhéteurs, penchés sur le bord des abîmes,
Riant, ô cruauté!
De voir l'affreux poison qui de leurs doigts découle,
Goutte à goutte, ou par flots, quand leurs mains sur la foule
Tordent l'impiété!

L'homme, vers le plaisir se ruant par cent voies,
Ne songe qu'à bien vivre et qu'à chercher des proies;
L'argent est adoré :
Hélas! nos passions ont des serres infâmes
Où pend, triste lambeau, tout ce qu'avaient nos âmes
De chaste et de sacré!

A quoi bon cependant, à quoi bon tant de haine,
Et faire tant de mal, et prendre tant de peine,
Puisque la mort viendra!
Pour aller avec tous où tous doivent descendre!
Et pour n'être après tout qu'une ombre, un peu de cendre
Sur qui l'herbe croîtra!

A quoi bon s'épuiser en voluptés diverses?
A quoi bon se bâtir des fortunes perverses
Avec les maux d'autrui?
Tout s'écroule; et, fruit vert qui pend à la ramée,
Demain ne mûrit pas pour la bouche affamée
Qui dévore aujourd'hui!

Ce que nous croyons être avec ce que nous sommes,
Beauté, richesse, honneurs, ce que rêvent les hommes,
Hélas! et ce qu'ils font,
Pêle-mêle, à travers les chants ou les huées,
Comme c'est emporté par rapides nuées
Dans un oubli profond!

Et puis quelle éternelle et lugubre fatigue
De voir le peuple enflé monter jusqu'à sa digue,
Dans ses terribles jeux!
Sombre océan d'esprits dont l'eau n'est pas sondée,
Et qui vient faire autour de toute grande idée
Un murmure orageux!

Quel choc d'ambitions luttant le long des routes,
Toutes contre chacune et chacune avec toutes!
Quel tumulte ennemi!
Comme on raille d'en bas tout astre qui décline!... —
Oh! ne regrette rien sur la haute colline
Où tu t'es endormi!

Là, tu reposes, toi! Là meurt toute voix fausse.
Chaque jour du levant au couchant, sur ta fosse
Promenant son flambeau,
L'impartial soleil, pareil à l'espérance,
Dore des deux côtés, sans choix ni préférence,
La croix de ton tombeau!

Là, tu n'entends plus rien que l'herbe et la broussaille,
Le pas du fossoyeur dont la terre tressaille,
La chute du fruit mûr,
Et, par moments, le chant dispersé dans l'espace
Du bouvier qui descend dans la plaine et qui passe
Derrière le vieux mur!

Mars 1837.

T'en souviens-tu mon frère? après l'heure d'étude...
(Page 30.)

XXX

A OLYMPIO

Un jour l'ami qui reste à ton cœur qu'on déchire
Contemplait tes malheurs,
Et, tandis qu'il parlait, ton sublime sourire
Se mêlait à ses pleurs

I

« Te voilà donc, ô toi dont la foule rampante
« Admirait la vertu,
« Déraciné, flétri, tombé sur une pente
« Comme un cèdre abattu !

« Te voilà sous les pieds des envieux sans nombre
« Et des passants rieurs,
« Toi dont le front superbe accoutumait à l'ombre
« Les fronts inférieurs !

« Ta feuille est dans la poudre, et ta racine austère
« Est découverte aux yeux.
« Hélas ! tu n'as plus rien d'abrité dans la terre
« Ni d'éclos dans les cieux !

« Jeune homme, on vénérait jadis ton œil sévère,
« Ton front calme et tonnant;
« Ton nom était de ceux qu'on craint et qu'on révère,
« Hélas ! et maintenant

« Les méchants, accourus pour déchirer ta vie,
« L'ont prise entre leurs dents,
« Et les hommes alors se sont avec envie
« Penchés pour voir dedans !

« Avec des cris de joie ils ont compté tes plaies.
« Et compté tes douleurs,

Paris. Jules Bonaventure, imprimeur.

Qu'à peine un mouvement de ta lèvre indignée...
(Page 36.)

« Comme sur une pierre on compte des monnaies
« Dans l'antre des voleurs.

« Ta chaste renommée, aux exemples utiles,
« N'a plus rien qui reluit,
« Sillonnée en tous sens par les hideux reptiles
« Qui viennent dans la nuit.

« Eclairée à la flamme, à toute heure visible,
« De ton nom rayonnant,
« Au bord du grand chemin ta vie est une cible
« Offerte à tout venant,

« Où cent flèches, toujours sifflant dans la nuit noire,
« S'enfoncent tour à tour,
« Chacun cherchant ton cœur, l'un visant à ta gloire,
« Et l'autre à ton amour!

« Ta réputation, dont souvent nous nous sommes
« Écriés en rêvant,
« Se disperse et s'en va dans les discours des hommes,
« Comme un feuillage au vent!

« Ton âme, qu'autrefois on prenait pour arbitre
« Du droit et du devoir,
« Est comme une taverne où chacun à la vitre
« Vient regarder le soir,

« Afin d'y voir à table une orgie aux chants grêles,
« Au propos triste et vain,
« Qui renverse à grand bruit les cœurs pleins de querelles
« Et les brocs pleins de vin!

« Tes ennemis ont pris ta belle destinée
« Et l'ont brisée en fleur.
« Ils ont fait de ta gloire aux carrefours traînée
« Ta plus grande douleur!

« Leurs mains ont retourné ta robe, dont le lustre
« Irritait leur fureur;
« Avec la même pourpre ils t'ont fait vil d'illustre
« Et forçat d'empereur!

« Nul ne te défend plus. On se fait une fête
« De tes maux aggravés.

« On ne parle de toi qu'en secouant la tête,
« Et l'on dit : Vous savez !

« Hélas ! pour te haïr tous les cœurs se rencontrent.
« Tous t'ont abandonné
« Et tes amis pensifs sont comme ceux qui montrent
« Un palais ruiné.

II

« Mais, va, pour qui comprend ton âme haute et grave
« Tu n'en es que plus grand.
« Ta vie a, maintenant que l'obstacle l'entrave,
« La rumeur du torrent.

« Tous ceux qui de tes jours orageux et sublimes
« S'approchent sans effroi,
« Reviennent en disant qu'ils ont vu des abîmes
« En se penchant sur toi !

« Mais peut-être à travers l'eau de ce gouffre immense
« Et de ce cœur profond,
« On verrait cette perle appelée innocence
« En regardant au fond !

« On s'arrête aux brouillards dont ton âme est voilée,
« Mais moi, juge et témoin,
« Je sais qu'on trouverait une voûte étoilée
« Si l'on allait plus loin !

« Eh ! qu'importe, après tout, que le monde t'assiége
« De ses discours mouvants,
« Et que ton nom se mêle à ces flocons de neige
« Poussés à tous les vents !

« D'ailleurs que savent-ils ? nous devrions nous taire.
« De quel droit jugeons-nous,
« Nous qui ne voyons rien au ciel ou sur la terre
« Sans nous mettre à genoux !

« La certitude — hélas ! insensés que nous sommes
« De croire à l'œil humain ! —
« Ne séjourne pas plus dans la raison des hommes
« Que l'onde dans leur main.

« Elle mouille un moment, puis s'écoule infidèle,
« Sans que l'homme, ô douleur !
« Puisse désaltérer à ce qui reste d'elle
« Ses lèvres ou son cœur !

« L'apparence de tout nous trompe et nous fascine
« Est-il jour ? est-il nuit ?
« Rien d'absolu. Tout fruit contient une racine,
« Toute racine un fruit.

« Le même objet qui rend votre visage sombre
« Fait ma sérénité.
« Toute chose ici-bas par une face est ombre
« Et par l'autre clarté.

« Le lourd nuage, effroi des matelots livides
« Sur le pont accroupis,
« Pour le brun laboureur dont les champs sont arides
« Est un sac plein d'épis.

« Pour juger un destin il en faudrait connaître
« Le fond mystérieux ;
« Ce qui gît dans la fange aura bientôt peut-être
« Des ailes dans les cieux !

« Cette âme se transforme, elle est tout près d'éclore,
« Elle rampe, elle attend,
« Aujourd'hui larve informe, et demain dès l'aurore
« Papillon éclatant !

III

« Tu souffres cependant ! toi sur qui l'ironie
« Épuise tous ses traits,
« Et qui te sens poursuivre, et, par la calomnie,
« Mordre aux endroits secrets !

« Tu fuis, pâle et saignant, et, pénétrant dans l'ombre
« Par ton flanc déchiré,
« La tristesse en ton âme ainsi qu'en un puits sombre
« Goutte à goutte a filtré !

« Tu fuis, lion blessé, dans une solitude,
« Rêvant sur ton destin,
« Et le soir te retrouve en la même attitude
« Où t'a vu le matin !

« Là, pensif, cherchant l'ombre où ton âme repose,
« L'ombre que nous aimons,
« Ne songeant quelquefois, de l'aube à la nuit close,
« Qu'à la forme des monts ;

« Attentif aux ruisseaux, aux mousses étoilées,
« Aux champs silencieux,
« A la virginité des herbes non foulées,
« A la beauté des cieux,

« Ou parfois contemplant, de quelque grève austère,
« L'esquif en proie aux flots
« Qui fuit, rompant les fils qui liaient à la terre
« Les cœurs des matelots ;

« Contemplant le front vert et la noire narine
« De l'antre ténébreux,
« Et l'arbre qui, rongé par la bise marine,
« Tord ses bras douloureux,

« Et l'immense Océan où la voile s'incline,
« Où le soleil descend,
« L'Océan qui respire ainsi qu'une poitrine,
« S'enflant et s'abaissant ;

« Du haut de la falaise aux rumeurs infinies,
« Du fond des bois touffus,
« Tu mêles ton esprit aux grandes harmonies
« Pleines de sens confus,

« Qui, tenant ici-bas toute chose embrassée,
« Vont de l'aigle au serpent,
« Que toute voix grossit, et que sur la pensée
« La nature répand !

IV

« Console-toi, poëte ! — Un jour, bientôt peut-être,
« Les cœurs te reviendront,
« Et pour tous les regards on verra reparaître
« Les flammes de ton front.

« Tous les côtés ternis de ta gloire outragée,
« Nettoyés un matin,
« Seront comme une dalle avec soin épongée
« Après un grand festin.

« En vain tes ennemis auront armé le monde
« De leur rire moqueur,
« Et sur les grands chemins répandus comme l'onde
« Les secrets de ton cœur

« En vain ils jetteront leur rage humiliée
« Sur ton nom ravagé,
« Comme un chien qui remâche une chair oubliée
« Sur l'os déjà rongé.

« Ils ne prévaudront pas, ces hommes qui t'entourent
« De leurs obscurs réseaux;
« Ils passeront, ainsi que ces lueurs qui courent
« A travers les roseaux.

« Ils auront bien toujours pour toi toute la haine
« Des démons pour le dieu;
« Mais un souffle éteindra leur bouche impure pleine
« De paroles de feu.

« Ils s'évanouiront, et la foule ravie
« Verra d'un œil pieux
« Sortir de ce tas d'ombre amassé par l'envie
« Ton front majestueux!

« En attendant regarde en pitié cette foule
« Qui méconnaît tes chants,
« Et qui de toutes parts se répand et s'écoule
« Dans les mauvais penchants.

« Laisse en ce noir chaos qu'aucun rayon n'éclaire
« Ramper les ignorants,
« L'orgueilleux dont la voix grossit dans la colère
« Comme l'eau des torrents;

« La beauté sans amour dont les pas nous entraînent,
« Femme aux yeux exercés
« Dont la robe flottante est un piége où se prennent
« Les pieds des insensés;

« Les rhéteurs qui de bruit emplissent leur parole
« Quand nous les écoutons;
« Et ces hommes sans foi, sans culte, sans boussole,
« Qui vivent à tâtons;

« Et les flatteurs courbés, aux douceurs familières,
« Aux fronts bas et rampants;
« Et les ambitieux qui sont comme des lierres
« L'un sur l'autre grimpants!

« Non, tu ne portes pas, ami, la même chaîne
« Que ces hommes d'un jour.
« Ils sont vils, et toi grand. Leur joug est fait de haine,
« Le tien est fait d'amour!

« Tu n'as rien de commun avec le monde infime
« Au souffle empoisonneur;
« Car c'est pour tous les yeux un spectacle sublime
« Quand la main du Seigneur,

« Loin du sentier banal où la foule se rue
« Sur quelque illusion,
« Laboure le génie avec cette charrue
« Qu'on nomme passion! »

Et quand il eut fini, toi que la haine abreuve,
Tu lui dis d'une voix attendrie un instant,
Voix pareille à la sienne, et plus haute pourtant,
Comme la grande mer qui parlerait au fleuve:

« Ne me console point et ne t'afflige pas.
« Je suis calme et paisible.
« Je ne regarde point le monde d'ici-bas,
« Mais le monde invisible.

« Les hommes sont meilleurs, amis, que tu ne crois.
« Mais le sort est sévère,
« C'est lui qui teint de vin ou de lie, à son choix,
« Le pur cristal du verre.

« Moi, je rêve! écoutant les cyprès soupirer
« Autour des croix d'ébène,
« Et murmurer le fleuve et la cloche pleurer
« Dans un coin de la plaine,

« Recueillant le cri sourd de l'oiseau qui s'enfuit,
« Du char traînant la gerbe,
« Et la plainte qui sort des roseaux, et le bruit
« Que fait la touffe d'herbe;

« Prêtant l'oreille aux flots qui ne peuvent dormir,
« A l'air dans la nuée,
« J'erre sur les hauts lieux d'où l'on entend gémir
« Toute chose créée!

« Là, je vois, comme un vase allumé sur l'autel,
« Le toit lointain qui fume;
« Et le soir je compare aux purs flambeaux du ciel
« Tout flambeau qui s'allume.

« Là, j'abandonne aux vents mon esprit sérieux
« Comme l'oiseau sa plume;
« Là, je songe au malheur de l'homme, et j'entends mieux
« Le bruit de cette enclume.

« Là, je contemple, ému, tout ce qui s'offre aux yeux,
« Onde, terre, verdure;
« Et je vois l'homme au loin, mage mystérieux,
« Traverser la nature!

« Pourquoi me plaindre, ami? tout homme à tout moment
« Souffre des maux sans nombre.
« Moi, sur qui vient la nuit, j'ai gardé seulement
« Dans mon horizon sombre,

« Comme un rayon du soir au front d'un mont obscur,
« L'amour, divine flamme,
« L'amour, qui dore encor ce que j'ai de plus pur
« Et de plus haut dans l'âme!

« Sans doute en mon avril, ne sachant rien à fond,
« Jeune, crédule, austère,
« J'ai fait des songes d'or comme tous ceux qui font
« Des songes sur la terre!

« J'ai vu la vie en fleurs sur mon front s'élever
« Pleine de douces choses.
« Mais, quoi! me crois-tu donc assez fou pour rêver
« L'éternité des roses?

« Les chimères, qu'enfant mes mains croyaient toucher,
« Maintenant sont absentes;
« Et je dis au bonheur ce que dit le nocher
« Aux rives décroissantes.

« Qu'importe! je m'abrite en un calme profond,
« Plaignant surtout les femmes,
« Et je vis l'œil fixé sur le ciel où s'en vont
« Les ailes et les âmes.

« Dieu nous donne à chacun notre part du destin,
« Au fort, au faible, au lâche,
« Comme un maître soigneux levé dès le matin
« Divise à tous leur tâche.

« Soyons grands. Le grand cœur à Dieu même est pareil.
« Laissons, doux ou funestes,
« Se croiser sur nos pieds la foudre et le soleil,
« Ces deux clartés célestes.

« Laissons gronder en bas cet orage irrité
« Qui toujours nous assiége;
« Et gardons au-dessus notre tranquillité
« Comme le mont sa neige.

« Va, nul mortel ne brise avec la passion,
« Vainement obstinée,
« Cette âpre loi que l'un nomme Expiation,
« Et l'autre Destinée.

« Hélas! de quelque nom que, broyé sous l'essieu,
« L'orgueil humain la nomme,
« Roue immense et fatale, elle tourne sur Dieu,
« Elle roule sur l'homme! »

Octobre 1835.

XXXI

La tombe dit à la rose :
— Des pleurs dont l'aube t'arrose
Que fais-tu, fleur des amours?
La rose dit à la tombe :
— Que fais-tu de ce qui tombe
Dans ton gouffre ouvert toujours?

La rose dit : — Tombeau sombre,
De ces pleurs je fais dans l'ombre
Un parfum d'ambre et de miel.
La tombe dit: — Fleur plaintive,
De chaque âme qui m'arrive
Je fais un ange du ciel!

Juin 1837.

XXXII

O muse! contiens-toi! muse aux hymnes d'airain,
Muse de la loi juste et du droit souverain,
Toi dont la bouche abonde en mots trempés de flamme,
Etincelles de feu qui sortent de ton âme,
Oh! ne dis rien encore et laisse-les aller!
Attends que l'heure vienne où tu puisses parler.
Endure le spectacle en vierge résignée.
Qu'à peine un mouvement de ta lèvre indignée
Révèle ton courroux au fond du cœur grondant.
Dans ce siècle où chacun, noyant ou fécondant,
Se répand au hasard comme l'eau d'un orage,
Où l'on ne voit partout qu'impuissance et que rage,
Qu'inutiles fardeaux qu'on s'obstine à rouler,
Que Samsons écrasés sous ce qu'ils font crouler,
Le plus fort est celui qui tient sa force en bride.
L'Océan quelquefois montre à peine une ride.
Jusqu'au jour d'éclater, plus proche qu'on ne croit,
Ne te dépense pas. Qui se contient s'accroît.
Aie au milieu de tous l'attitude élevée
D'une lente déesse à punir réservée,
Qui, recueillant sa force ainsi qu'un saint trésor,
Pourrait depuis longtemps et ne veut pas encor!

Va cependant! — contemple et le ciel et le monde.
Et que tous ceux qui font quelque travail immonde,
Que ces trafiquants vils épris d'un sac d'argent,
Que ces menteurs publics au langage changeant,
Pleins de méchanceté dans leur âme hypocrite,
Et dorés au dehors de quelque faux mérite,
Tous ceux, grands ou petits, que marque un sceau fatal,
Que l'envieux bâtard accroupi dans le mal,
Que ce tribun valet, plus lâche qu'une femme,
Qui dans les carrefours vend sa parole infâme,
Toujours prêt pour de l'or à souffleter la loi,
Forgeant l'émeute au peuple ou la censure au roi,
Que l'ami faux par qui la haine s'ensemence,
Et ceux qui nuit et jour occupent leur démence
D'une orgie effrontée au tumulte hideux,
Te regardent passer tranquille au milieu d'eux,
Saluant gravement les fronts que tu révères,
Muette, et l'œil pourtant plein de choses sévères!

Fouille ces cœurs profonds de ton regard ardent.
Et que, lorsque le peuple ira se demandant :
— Sur qui donc va tomber, dans la foule éperdue,
Cette foudre en éclairs dans ses yeux suspendue? —
Chacun d'eux, contemplant son œuvre avec effroi,
Se dise en frissonnant : — C'est peut-être sur moi!

En attendant, demeure impassible et sereine.
Qu'aucun pan de ta robe en leur fange ne traine;
Et que tous ces pervers tremblent dès à présent
De voir auprès de toi, formidable et posant
Son ongle de lion sur ta lyre étoilée,
Ta colère superbe à tes pieds muselée!

Septembre 1836.

FIN DES VOIX INTÉRIEURES.

LES RAYONS ET LES OMBRES

ILLUSTRÉS PAR GÉRARD SEGUIN.

Un poëte a écrit le *Paradis perdu;* un autre poëte a écrit les *Ténèbres.*

Entre Eden et les Ténèbres il y a le monde; entre le commencement et la fin il y a la vie; entre le premier homme et le dernier homme il y a l'homme.

L'homme existe de deux façons : selon la société et selon la nature. Dieu met en lui la passion; la société y met l'action; la nature y met la rêverie.

De la passion combinée avec l'action, c'est-à-dire de la vie dans le présent et de l'histoire dans le passé, naît le drame. De la passion mêlée à la rêverie naît la poésie proprement dite.

Quand la peinture du passé descend jusqu'aux détails de la science, quand la peinture de la vie descend jusqu'aux finesses de l'analyse, le drame devient roman. Le roman n'est autre chose que le drame développé en dehors des proportions du théâtre, tantôt par la pensée, tantôt par le cœur.

Du reste, il y a du drame dans la poésie, et il y a de la poésie dans le drame. Le drame et la poésie se pénètrent comme toutes les facultés dans l'homme, comme tous les rayonnements dans l'univers. L'action a des moments de rêverie; Macbeth dit : *Le martinet chante sur la tour.* Le Cid dit : *Cette obscure clarté qui tombe des étoiles.* Scapin dit : *Le ciel s'est déguisé ce soir en scaramouche.* Nul ne se dérobe dans ce monde au ciel bleu, aux arbres verts, à la nuit sombre, au bruit du vent, au chant des oiseaux. Aucune créature ne peut s'abstraire de la création.

De son côté, la rêverie a des minutes d'action. L'idylle à Gallus est pathétique comme un cinquième acte; le quatrième livre de l'*Enéide* est une tragédie; il y a une ode d'Horace qui est devenue une comédie de Molière. *Donec gratus eram tibi,* c'est le *Dépit amoureux.*

Tout se tient, tout est complet, tout s'accouple et se féconde par l'accouplement. La société se meut dans la nature; la nature enveloppe la société.

L'un des deux yeux du poëte est pour l'humanité, l'autre pour la nature. Le premier de ces yeux s'appelle l'observation, le second s'appelle l'imagination.

De ce double regard toujours fixé sur son double objet naît, au fond du cerveau du poëte, cette inspiration une et multiple, simple et complexe, qu'on nomme le génie.

Déclarons-le bien vite et dès à présent, dans tout ce qu'on vient de lire, comme dans tout ce qu'on va lire encore, l'auteur de ce livre, et cela devrait aller sans dire, est aussi loin de songer à lui-même qu'aucun de ses lecteurs. L'humble et grave artiste doit avoir le droit d'expliquer l'art, tête nue et l'œil baissé. Si obscur et si insuffisant qu'il soit, on ne peut lui interdire, en présence des pures et éternelles conditions de la gloire, cette contemplation qui est sa vie. L'homme respire, l'artiste aspire. Et d'ailleurs quel est le pauvre pâtre, enivré de fleurs et ébloui d'étoiles, qui ne s'est écrié, au moins une fois en sa vie, en laissant tremper ses pieds nus dans le ruisseau où boivent ses brebis : — Je voudrais être empereur!

Maintenant continuons.

Des choses immortelles ont été faites de nos jours par de grands et nobles poëtes, personnellement et directement mêlés aux agitations quotidiennes de la vie politique. Mais, à notre sens, un poëte complet, que le hasard ou sa volonté aurait mis à l'écart, du moins pour le temps qui lui serait nécessaire, et préservé, pendant ce temps, de tout contact immédiat avec les gouvernements et les partis, pourrait faire aussi, lui, une grande œuvre.

Nul engagement, nulle chaîne. La liberté serait dans ses idées comme dans ses actions. Il serait libre dans sa bienveillance pour ceux qui travaillent, dans son aversion pour ceux qui nuisent, dans son amour pour ceux qui servent, dans sa pitié pour ceux qui souffrent. Il serait libre de barrer le chemin à tous les mensonges, de quelque part ou de quelque parti qu'ils vinssent; libre de s'atteler aux principes embourbés dans les intérêts; libre de se pencher sur toutes les misères; libre de s'agenouiller devant tous les dévouements. Aucune haine contre le roi dans son affection pour le peuple; aucune injure pour les dynasties régnantes dans ses consolations aux dynasties tombées; aucun outrage aux races mortes dans sa sympathie pour les rois de l'avenir. Il vivrait dans la nature, il habiterait avec la société. Suivant son inspiration, sans autre but que de penser et de faire penser, avec un cœur plein d'effusion, avec un regard rempli de paix, il irait voir en ami, à son heure, le printemps dans la prairie, le prince dans son Louvre, le proscrit dans sa prison. Lorsqu'il blâmerait çà et là une loi dans les codes humains, on saurait qu'il passe les nuits et les jours à étudier dans les choses éternelles le texte des codes divins. Rien ne le troublerait dans sa profonde et austère contemplation : ni le passage bruyant des événements publics, car il se les assimilerait et en ferait entrer la signification dans son œuvre; ni le voisinage accidentel de quelque grande douleur privée, car l'habitude de penser donne la facilité de consoler; ni même la commotion intérieure de ses propres souffrances personnelles : car à travers ce qui se déchire en nous on entrevoit Dieu; et, quand il aurait pleuré, il méditerait.

Dans ses drames, vers et prose, pièces et romans, il mettrait l'histoire et l'invention, la vie des peuples et la vie des individus, le haut enseignement des crimes royaux comme dans la tragédie antique, l'utile peinture des vices populaires comme dans la vieille comédie. Voilant à dessein les exceptions honteuses, il inspirerait la vénération pour la vieillesse, en montrant la vieillesse toujours grande; la compassion pour la femme, en montrant la femme toujours faible; le culte des affections naturelles, en montrant qu'il y a toujours, et dans tous les cas, quelque chose de sacré, de divin et de vertueux dans les deux grands sentiments sur lesquels le monde repose depuis Adam et Eve : la paternité, la maternité. Enfin, il relèverait partout la dignité de la créature humaine en faisant voir qu'au fond de tout homme, si désespéré et si perdu qu'il soit, Dieu a mis une étincelle qu'un souffle d'en haut peut toujours raviver; que la cendre ne cache point, que la fange même n'éteint pas, — l'âme.

Dans ses poëmes il mettrait les conseils au temps présent, les esquisses rêveuses de l'avenir; le reflet, tantôt éblouissant, tantôt sinistre, des événements contemporains; les panthéons, les tombeaux, les ruines, les souvenirs; la charité pour les pauvres, la tendresse pour les misérables; les saisons, le soleil, les champs, la mer, les montagnes; les coups d'œil furtifs dans le sanctuaire de l'âme où l'on aperçoit sur un autel mystérieux, comme par la porte entr'ouverte d'une chapelle, toutes ces belles urnes d'or : la foi, l'espérance, la poésie, l'amour; enfin il y mettrait cette profonde peinture du Moi, qui est peut-être l'œuvre la plus large, la plus générale et la plus universelle qu'un penseur puisse faire.

Comme tous les poëtes qui méditent et qui superposent constamment leur esprit à l'univers, il laisserait rayonner, à travers toutes ses créations, poëmes ou drames, la splendeur de la création de Dieu. On entendrait les oiseaux chanter dans ses tragédies; on verrait l'homme souffrir dans ses paysages. Rien de plus divers en apparence que ces poëmes; au fond rien de plus un et de plus cohérent. Son œuvre, prise dans sa synthèse, ressemblerait à la terre : des productions de toute sorte, une seule idée première pour toutes les conceptions, des fleurs de toute espèce, une même séve pour toutes les racines.

Il aurait le culte de la conscience comme Juvénal, lequel sentait jour et nuit « un témoin en lui-même, » *nocte dieque suum gestare in pectore testem;* le culte de la pensée comme Dante, qui nomme les damnés « ceux qui ne pensent plus, » *le gente dolorose ch'anno perduto il ben del intelletto;* le culte de la nature comme saint Augustin, qui, sans crainte d'être déclaré panthéiste, appelle le ciel « une créature intelligente : » *Cœlum cœli creatura est aliqua intellectualis.*

Et ce que ferait ainsi, dans l'ensemble de son œuvre, avec tous ses drames, avec toutes ses poésies, avec toutes ses pensées amoncelées, ce poëte, ce philosophe, cet esprit, ce serait, disons-le ici, la grande épopée mystérieuse dont nous avons tous chacun un chant en nous-mêmes, dont Milton a écrit le prologue et Byron l'épilogue : le poëme de l'homme.

Cette vie imposante de l'artiste civilisateur, ce vaste travail de philosophie et d'harmonie, cet idéal du poëme et du poëte, tout penseur a le droit de se les proposer comme but, comme ambition, comme principe et comme fin. L'auteur l'a déjà dit ailleurs, et plus d'une fois, il est un de ceux qui tentent, et qui tentent avec persévérance, conscience et loyauté. Rien de plus. Il ne laisse pas aller au hasard ce qu'on veut bien appeler son inspiration. Il se tourne constamment vers l'homme, vers la nature ou vers Dieu. A chaque ouvrage nouveau qu'il met au jour, il soulève un coin du voile qui cache sa pensée; et déjà peut-être les esprits attentifs aperçoivent-ils quelque unité dans cette collection d'œuvres au premier aspect isolées et divergentes.

L'auteur pense que tout poëte véritable, indépendamment des pensées qui lui viennent de son organisation propre et des pensées qui lui viennent de la vérité éternelle, doit contenir la somme des idées de son temps.

Quant à cette poésie qu'il publie aujourd'hui, il en parlera peu. Ce qu'il voudrait qu'elle fût, il vient de le dire dans ce qui précède; ce qu'elle est, le lecteur l'appréciera.

On trouvera dans ces poésies, à quelques nuances près, la même manière de voir les faits et les hommes que dans celles qui les précèdent immédiatement et qui appartiennent à la seconde période de la pensée de l'auteur, publiées, les unes en 1831, les autres en 1835, et les dernières en 1837. Cette œuvre les continue. Seulement, dans les *Rayons et les Ombres*, peut-être l'horizon est-il plus élargi, le ciel plus bleu, le calme plus profond.

Plusieurs pièces montreront au lecteur que l'auteur n'est pas infidèle à la mission qu'il s'était assignée à lui-même dans le prélude des *Voix intérieures :*

> Pierre à pierre, en songeant aux croyances éteintes,
> Sous la société qui tremble à tous les vents,
> Le penseur reconstruit ces deux colonnes saintes :
> Le respect des vieillards et l'amour des enfants.

Pour ce qui est des questions de style et de forme, il n'en parlera point. Les personnes qui veulent bien lire ce qu'il écrit savent depuis longtemps que, s'il admet quelquefois, en de certains cas, le vague et le demi-jour dans la pensée, il les admet plus rarement dans l'expression. Sans méconnaître la grande poésie du Nord représentée en France même par d'admirables poëtes, il a toujours eu un goût vif pour la forme méridionale et précise. Il aime le soleil. La Bible est son livre. Virgile et Dante sont ses divins maîtres. Toute son enfance, à lui poëte, n'a été qu'une longue rêverie mêlée d'études exactes. C'est cette enfance qui a fait son esprit ce qu'il est. Il n'y a d'ailleurs aucune incompatibilité entre l'exact et le poétique. Le nombre est dans l'art comme dans la science. L'algèbre est dans l'astronomie, et l'astronomie touche à la poésie; l'algèbre est dans la musique, et la musique touche à la poésie.

L'esprit de l'homme a trois clefs qui ouvrent tout : le chiffre, la lettre, la note.

Savoir, penser, rêver, tout est là.

4 mai 1840.

LES RAYONS ET LES OMBRES

I

FONCTION DU POETE

I

Pourquoi t'exiler, ô poëte,
Dans la foule où nous te voyons?
Que sont pour ton âme inquiète
Les partis, chaos sans rayons?
Dans leur atmosphère souillée
Meurt la poésie effeuillée;
Leur souffle égare ton encens.
Ton cœur, dans leurs luttes serviles,
Est comme ces gazons des villes
Rongés par les pieds des passants.

Dans les brumeuses capitales
N'entends-tu pas avec effroi,
Comme deux puissances fatales
Se heurter le peuple et le roi?
De ces haines que tout réveille
A quoi bon emplir ton oreille,
O poëte, ô maître, ô semeur?
Tout entier au Dieu que tu nommes,
Ne te mêle pas à ces hommes
Qui vivent dans une rumeur!

Va résonner, âme épurée,
Dans le pacifique concert!
Va t'épanouir, fleur sacrée,
Sous les larges cieux du désert!
O rêveur, cherche les retraites,
Les abris, les grottes discrètes,
Et l'oubli pour trouver l'amour,
Et le silence, afin d'entendre
La voix d'en haut, sévère et tendre,
Et l'ombre, afin de voir le jour!

Va dans les bois! va sur les plages!
Compose tes chants inspirés
Avec la chanson des feuillages
Et l'hymne des flots azurés!
Dieu t'attend dans les solitudes;
Dieu n'est pas dans les multitudes:
L'homme est petit, ingrat et vain.
Dans les champs tout vibre et soupire.
La nature est la grande lyre,
Le poëte est l'archet divin!

Sors de nos tempêtes, ô sage!
Que pour toi l'empire en travail,
Qui fait son périlleux passage
Sans boussole et sans gouvernail,
Soit comme un vaisseau qu'en décembre
Le pêcheur, du fond de sa chambre
Où pendent ses filets séchés,
Entend la nuit passer dans l'ombre
Avec un bruit sinistre et sombre
De mâts frissonnants et penchés!

II

— Hélas! hélas! dit le poëte,
J'ai l'amour des eaux et des bois;
Ma meilleure pensée est faite
De ce que murmure leur voix.
La création est sans haine.
Là, point d'obstacle et point de chaîne;
Les prés, les monts, sont bienfaisants;
Les soleils m'expliquent les roses;
Dans la sérénité des choses
Mon âme rayonne en tout sens.

Je vous aime, ô sainte nature!
Je voudrais m'absorber en vous;
Mais, dans ce siècle d'aventure,
Chacun, hélas! se doit à tous!
Toute pensée est une force.
Dieu fit la sève pour l'écorce,
Pour l'oiseau les rameaux fleuris,
Le ruisseau pour l'herbe des plaines,
Pour les bouches les coupes pleines,
Et le penseur pour les esprits!

Dieu le veut, dans les temps contraires,
Chacun travaille et chacun sert.
Malheur à qui dit à ses frères:
Je retourne dans le désert!
Malheur à qui prend ses sandales
Quand les haines et les scandales
Tourmentent le peuple agité!
Honte au penseur qui se mutile,
Et s'en va, chanteur inutile,
Par la porte de la cité!

Le poëte en des jours impies
Vient préparer des jours meilleurs.
Il est l'homme des utopies;
Les pieds ici, les yeux ailleurs.
C'est lui qui sur toutes les têtes,
En tous temps pareil aux prophètes,
Dans sa main, où tout peut tenir,
Doit, qu'on l'insulte ou qu'on le loue,
Comme une torche qu'il secoue,
Faire flamboyer l'avenir!

Il voit, quand les peuples végètent,
Ses rêves, toujours pleins d'amour,

De ce berceau, quand viendra l'heure...

Sont faits des ombres que lui jettent
Les choses qui seront un jour.
On le raille. Qu'importe! Il pense.
Plus d'une âme inscrit en silence
Ce que la foule n'entend pas.
Il plaint ses contempteurs frivoles;
Et maint faux sage à ses paroles
Rit tout haut et songe tout bas.

Foule qui répands sur nos rêves
Le doute et l'ironie à flots,
Comme l'Océan sur les grèves
Répand son râle et ses sanglots,
L'idée auguste qui t'égaye
A cette heure encore bégaye;
Mais de la vie elle a le sceau!
Ève contient la race humaine,
Un œuf l'aiglon, un gland le chêne!
Une utopie est un berceau!

De ce berceau, quand viendra l'heure,
Vous verrez sortir, éblouis,
Une société meilleure
Pour des cœurs mieux épanouis,
Le devoir que le droit enfante,
L'ordre saint, la foi triomphante,
Et les mœurs, ce groupe mouvant
Qui toujours, joyeux ou morose,
Sur ses pas sème quelque chose
Que la loi récolte en rêvant!

Mais, pour couver ces puissants germes,
Il faut tous les cœurs inspirés,
Tous les cœurs purs, tous les cœurs fermes,
De rayons divins pénétrés.
Sans matelots la nef chavire;
Et, comme aux deux flancs d'un navire,
Il faut que Dieu, de tous compris,

Paris. Jules Bonaventure, imprimeur.

Le matin elle chante, et puis elle travaille...
(Page 45.)

Pour fendre la foule insensée,
Aux deux côtés de sa pensée
Fasse ramer de grands esprits !

Loin de vous, saintes théories
Codes promis à l'avenir,
Ce rhéteur aux lèvres flétries,
Sans espoir et sans souvenir,
Qui jadis suivait votre étoile,
Mais qui depuis, jetant le voile
Où s'abrite l'illusion,
A laissé violer son âme
Par tout ce qu'ont de plus infâme
L'avarice et l'ambition !

Géant d'orgueil à l'âme naine,
Dissipateur du vrai trésor,
Qui, repu de science humaine,
A voulu se repaître d'or,
Et, portant des valets au maître
Son faux sourire d'ancien prêtre
Qui vendit sa divinité,
S'enivre, à l'heure où d'autres pensent,
Dans cette orgie impure où dansent
Les abus au rire effronté !

Loin ces scribes au cœur sordide,
Qui dans l'ombre ont dit sans effroi
A la corruption splendide :
Courtisane, caresse-moi !
Et qui parfois, dans leur ivresse,
Du temple où rêva leur jeunesse
Osent reprendre les chemins,
Et, leurs faces encor fardées,
Approcher les chastes idées,
L'odeur de la débauche aux mains !

Loin ces docteurs dont se défie
Le sage sévère à regret !

Qui font de la philosophie
Une échoppe à leur intérêt!
Marchands vils qu'une église abrite,
Qu'on voit, noire engeance hypocrite,
De sacs d'or gonfler leur manteau,
Troubler le prêtre qui contemple,
Et sur les colonnes du temple
Clouer leur immonde écriteau!

Loin de vous ces jeunes infâmes
Dont les jours, comptés par la nuit,
Se passent à flétrir des femmes
Que la faim aux antres conduit!
Lâches à qui, dans leur délire,
Une voix secrète doit dire :
Cette femme que l'or salit,
Que souille l'orgie où tu tombes,
N'eut à choisir qu'entre deux tombes,
La morgue hideuse ou ton lit!

Loin de vous les vaines colères
Qui s'agitent au carrefour!
Loin de vous ces chats populaires
Qui seront tigres quelque jour!
Les flatteurs de peuple ou de trône!
L'égoïste qui de sa zone
Se fait le centre et le milieu!
Et tous ceux qui, tisons sans flamme,
N'ont pas dans leur poitrine une âme,
Et n'ont pas dans leur âme un Dieu!

Si nous n'avions que de tels hommes,
Juste Dieu! comme avec douleur
Le poëte au siècle où nous sommes
Irait criant : Malheur! malheur!
On le verrait voiler sa face;
Et, pleurant le jour qui s'efface,
Debout au seuil de sa maison,
Devant la nuit prête à descendre,
Sinistre, jeter de la cendre
Aux quatre points de l'horizon!

Tels que l'autour dans les nuées,
On entendrait rire, vainqueurs,
Les noirs poëtes des huées,
Les Aristophanes moqueurs.
Pour flétrir nos hontes sans nombre,
Pétrone, réveillé dans l'ombre,
Saisirait son stylet romain.
Autour de notre infâme époque
L'iambe boiteux d'Archiloque
Bondirait, le fouet à la main!

Mais Dieu jamais ne se retire!
Non, jamais, par les monts caché,
Ce soleil, vers qui tout aspire,
Ne s'est complétement couché!
Toujours, pour les mornes vallées,
Pour les âmes d'ombre aveuglées,
Pour les cœurs que l'orgueil corrompt,
Il laisse, au-dessus de l'abîme,
Quelques rayons sur une cime,
Quelques vérités sur un front!

Courage donc, esprits, pensées,
Cerveaux d'anxiété rongés,
Cœurs malades, âmes blessées,
Vous qui priez, vous qui songez!

O générations! courage!
Vous qui venez comme à regret,
Avec le bruit que fait l'orage
Dans les arbres de la forêt!

Douteurs errant sans but ni trêve,
Qui croyez, étendant la main,
Voir les formes de votre rêve
Dans les ténèbres du chemin!

Philosophes dont l'esprit souffre,
Et qui, pleins d'un effroi divin,
Vous cramponnez au bord du gouffre,
Pendus aux ronces du ravin!

Naufragés de tous les systèmes,
Qui de ce flot triste et vainqueur
Sortez tremblants, et de vous-mêmes
N'avez sauvé que votre cœur!

Sages qui voyez l'aube éclore
Tous les matins parmi les fleurs,
Et qui revenez de l'aurore,
Trempés de célestes lueurs!

Lutteurs qui pour laver vos membres
Avant le jour êtes debout!
Rêveurs qui rêvez dans vos chambres,
L'œil perdu dans l'ombre de tout!

Vous, hommes de persévérance,
Qui voulez toujours le bonheur,
Et tenez encor l'espérance,
Ce pan du manteau du Seigneur!

Chercheurs qu'une lampe accompagne!
Pasteurs armés de l'aiguillon!
Courage à tous sur la montagne!
Courage à tous dans le vallon!

Pourvu que chacun de vous suive
Un sentier ou bien un sillon;
Que, flot sombre, il ait Dieu pour rive,
Et, nuage, pour aquilon;

Pourvu qu'il ait sa foi qu'il garde,
Et qu'en sa joie ou sa douleur
Parfois doucement il regarde
Un enfant, un astre, une fleur;

Pourvu qu'il sente, esclave ou libre,
Tenant à tous par un côté,
Vibrer en lui par quelque fibre
L'universelle humanité;

Courage! — Dans l'ombre et l'écume
Le but apparaîtra bientôt!
Le genre humain dans une brume,
C'est l'énigme et non pas le mot!

Assez de nuit et de tempête
A passé sur vos fronts penchés,
Levez les yeux! levez la tête!
La lumière est là-haut! marchez!

Peuples! écoutez le poëte!
Ecoutez le rêveur sacré!
Dans votre nuit, sans lui complète,

Lui seul a le front éclairé!
Des temps futurs perçant les ombres,
Lui seul distingue en leurs flancs sombres
Le germe qui n'est pas éclos.
Homme, il est doux comme une femme.
Dieu parle à voix basse à son âme
Comme aux forêts et comme aux flots!

C'est lui qui, malgré les épines,
L'envie et la dérision,
Marche courbé dans vos ruines,
Ramassant la tradition.
De la tradition féconde
Sort tout ce qui couvre le monde,
Tout ce que le ciel peut bénir.
Toute idée, humaine ou divine,
Qui prend le passé pour racine
A pour feuillage l'avenir.

Il rayonne! il jette sa flamme
Sur l'éternelle vérité!
Il la fait resplendir pour l'âme
D'une merveilleuse clarté!
Il inonde de sa lumière
Ville et déserts, Louvre et chaumière,
Et les plaines et les hauteurs;
A tous d'en haut il la dévoile;
Car la poésie est l'étoile
Qui mène à Dieu rois et pasteurs.

Avril 1839.

II

LE SEPT AOUT

MIL HUIT CENT VINGT-NEUF

C'était le sept août. O sombre destinée!
C'était le premier jour de leur dernière année!

Seuls dans un lieu royal, côte à côte marchant,
Deux hommes, par endroits du coude se touchant,
Causaient. Grand souvenir qui dans mon cœur se grave!
Le premier avait l'air fatigué, triste et grave,
Comme un trop faible front qui porte un lourd projet.
Une double épaulette à couronne chargeait
Son uniforme vert à ganse purpurine,
Et l'ordre et la Toison faisaient sur sa poitrine,
Près du large cordon moiré de bleu changeant,
Deux foyers lumineux, l'un d'or, l'autre d'argent.
C'était un roi, vieillard à la tête blanchie,
Penché du poids des ans et de la monarchie.
L'autre était un jeune homme étranger chez les rois,
Un poëte, un passant, une inutile voix.
Ils se parlaient tous deux, sans témoins, sans mystère,
Dans un grand cabinet, simple, nu, solitaire,
Majestueux pourtant. Ce que les hommes font
Laisse une empreinte aux murs. Sous ce même plafond
Avaient passé jadis, ô splendeurs effacées!
De grands événements et de grandes pensées.
Là, derrière son dos croisant ses fortes mains,
Ébranlant le plancher sous ses pas surhumains,
Bien souvent l'Empereur, quand il était le maître,
De la porte en rêvant allait à la fenêtre.

Dans un coin, une table, un fauteuil de velours,
Miraient dans le parquet leurs pieds dorés et lourds.
Par une porte en vitre, au dehors, l'œil en foule
Apercevait au loin des armoires de Boule,
Des vases du Japon, des laques, des émaux,
Et des chandeliers d'or aux immenses rameaux.
Un salon rouge orné de glaces de Venise,
Plein de ces bronzes grecs que l'esprit divinise,
Multipliait sans fin ses lustres de cristal;
Et, comme une statue à lames de métal,
On voyait, casque au front, luire dans l'encoignure
Un garde argent et bleu d'une fière tournure.

Or entre le poëte et le vieux roi courbé,
De quoi s'agissait-il?

D'un pauvre ange tombé
Dont l'amour refaisait l'âme avec son haleine;
De Marion, lavée ainsi que Madeleine,
Qui boitait et traînait son pas estropié,
La censure, serpent, l'ayant mordue au pied.

Le poëte voulait faire un soir apparaître
Louis Treize, ce roi sur qui régnait un prêtre;
— Tout un siècle, marquis, bourreaux, fous, bateleurs;—
Et que la foule vînt, et qu'à travers des pleurs,
Par moments, dans un drame étincelant et sombre,
Du pâle cardinal on crût voir passer l'ombre.
Le vieillard hésitait: — Que sert de mettre à nu
Louis Treize, ce roi chétif et mal venu!
A quoi bon remuer un mort dans une tombe?
Que veut-on? où court-on? sait-on bien où l'on tombe?
Tout n'est-il pas déjà croulant de tout côté?
Tout ne s'en va-t-il pas dans trop de liberté?
N'est-il pas temps plutôt, après quinze ans d'épreuve,
De relever la digue et d'arrêter le fleuve?
Certe, un roi peut reprendre alors qu'il a donné.
Quant au théâtre, il faut, le trône étant miné,
Étouffer des deux mains sa flamme trop hardie;
Car la foule est le peuple, et d'une comédie
Peut jaillir l'étincelle aux livides rayons
Qui met le feu dans l'ombre aux révolutions.
Puis il niait l'histoire, et, quoi qu'il en puisse être,
A ce jeune rêveur disputait son ancêtre;
L'accueillant bien d'ailleurs, bon, royal, gracieux,
Et le questionnant sur ses propres aïeux.

Tout en laissant aux rois les noms dont on les nomme,
Le poëte luttait fermement, comme un homme
Épris de liberté, passionné pour l'art,
Respectueux pourtant pour ce noble vieillard.
Il disait: — Tout est grave en ce siècle où tout penche.
L'art, tranquille et puissant, veut une allure franche.
Les rois morts sont sa proie; il faut la lui laisser.
Il n'est pas ennemi, pourquoi le courroucer,
Et le livrer dans l'ombre à des tortionnaires,
Lui dont la main fermée est pleine de tonnerres?
Cette main, s'il l'ouvrait, redoutable envoyé,
Sur la France éblouie et le Louvre effrayé,
On s'épouvanterait, — trop tard, s'il faut le dire, —
D'y voir subitement tant de foudres reluire!
Oh! les tyrans d'en bas nuisent au roi d'en haut.
Le peuple est toujours là qui prend la muse au mot,
Quand l'indignation, jusqu'au roi qu'on révère,
Monte du front pensif de l'artiste sévère!
— Sire, à ce qui chancelle est-on bien appuyé?
La censure est un toit mauvais, mal étayé,
Toujours prêt à tomber sur les noms qu'il abrite.
Sire, un souffle imprudent, loin de l'éteindre, irrite
Le foyer, tout à coup terrible et tournoyant,
Et d'un art lumineux fait un art flamboyant!
D'ailleurs, ne cherchât-on que la splendeur royale

Pour cette nation moqueuse, mais loyale,
Au lieu des grands tableaux qu'offrait le grand Louis,
Roi-soleil, fécondant les lis épanouis,
Qui, tenant sous son sceptre un monde en équilibre,
Faisait Racine heureux, laissait Molière libre;
Quel spectacle, grand Dieu! qu'un groupe de censeurs,
Armés et parlant bas, vils esclaves chasseurs,
A plat ventre couchés, épiant l'heure où rentre
Le drame, fier lion, dans l'histoire, son antre! —

Ici, voyant vers lui, d'un front plus incliné,
Se tourner doucement le vieillard étonné,
Il hasardait plus loin sa pensée inquiète,
Et, laissant de côté le drame et le poëte,
Attentif, il sondait le dessein vaste et noir
Qu'au fond de ce roi triste il venait d'entrevoir.
Se pourrait-il? quelqu'un aurait cette espérance?
Briser le droit de tous! retrancher à la France,
Comme on ôte un jouet à l'enfant dépité,
De l'air, de la lumière, et de la liberté!
Le roi ne voudrait pas! lui, roi sage et roi juste!

Puis choisissant les mots pour cette oreille auguste,
Il disait que les temps ont des flots souverains;
Que rien, ni ponts hardis, ni canaux souterrains,
Jamais, excepté Dieu, rien n'arrête et ne dompte
Le peuple qui grandit ou l'Océan qui monte;
Que le plus fort vaisseau sombre et se perd souvent
Qui veut rompre de front et la vague et le vent;
Et que, pour s'y briser, dans la lutte insensée,
On a derrière soi, roche partout dressée,
Tout son siècle, les mœurs, l'esprit qu'on veut braver,
Le port même où la nef aurait pu se sauver!
Il osait s'effrayer. Fils d'une Vendéenne,
Cœur n'ayant plus d'amour, mais n'ayant pas de haine,
Il suppliait qu'au moins on l'en crût un moment,
Lui qui sur le passé s'incline gravement,
Et dont la piété, lierre qui s'enracine,
Hélas! s'attache aux rois comme à toute ruine!
Le destin a parfois de formidables jeux;
Les rois doivent songer dans ces jours orageux,
Où, mer qui vient, esprit des temps, nuée obscure,
Derrière l'horizon quelque chose murmure!
A quoi bon provoquer d'avance, et soulever
Les générations qu'on entend arriver?
Pour des regards distraits la France était sereine,
Mais dans ce ciel troublé d'un peu de brume à peine,
Où tout semblait azur, où rien n'agitait l'air,
Lui, rêveur, il voyait par instants un éclair! —

Charles Dix souriant répondit : — O poëte!

Le soir tout rayonnait de lumière et de fête.
Regorgeant de soldats, de princes, de valets,
Saint-Cloud joyeux et vert, autour du fier palais
Dont la Seine en fuyant reflète les beaux marbres,
Semblait avec amour presser sa touffe d'arbres.
L'arc de triomphe orné de victoires d'airain,
Le Louvre étincelant, fleurdelisé, serein,
Lui répondaient de loin du milieu de la ville;
Tout ce royal ensemble avait un air tranquille,
Et, dans le calme aspect d'un repos solennel,
Je ne sais quoi de grand qui semblait éternel.

Holyrood! Holyrood! ô fatale abbaye,
Où la loi du destin, dure, amère, obéie,
S'inscrit de tous côtés!
Cloître! palais! tombeau! qui sous tes murs austères
Garde les rois, la mort et Dieu; trois grands mystères,
Trois sombres majestés!

Château découronné! Vallée expiatoire!
Où le penseur entend dans l'air et dans l'histoire,
Comme un double conseil pour nos ambitions,
Comme une double voix qui se mêle et qui gronde,
La rumeur de la mer profonde,
Et le bruit éloigné des révolutions!

Solitude, où parfois des collines prochaines
On voit venir les faons qui foulent sous les chênes
Le gazon endormi,
Et qui, pour aspirer le vent dans la clairière,
Effarés, frissonnants, sur leurs pieds de derrière
Se dressent à demi!

Fière église où priait le roi des temps antiques,
Grave, ayant pour pavé sous les arches gothiques
Les tombeaux paternels qu'il usait du genou!
Porte où superbement tant d'archers et de gardes
Veillaient, multipliant l'éclair des hallebardes,
Et qu'un pâtre aujourd'hui ferme avec un vieux clou!

Prairie où, quand la guerre agitait leurs rivages,
Les grands lords montagnards comptaient leurs clans sauvages
Et leurs noirs bataillons;
Où maintenant, sur l'herbe, au soleil, sous les lierres,
Les vieilles aux pieds nus qui marchent dans les pierres
Font sécher des haillons!

Holyrood! Holyrood! la ronce est sur tes dalles.
Le chevreau broute au bas de tes tours féodales.
O fureur des rivaux ardents à se chercher!
Amours! — Darnley! Rizzio! quel néant est le vôtre!
Tous deux sont là, — l'un près de l'autre; —
L'un est une ombre, et l'autre une tache au plancher!

Hélas! que de leçons sous tes voûtes funebres!
Oh! que d'enseignements on lit dans les ténèbres
Sur ton seuil renversé,
Sur tes murs tout empreints d'une étrange fortune,
Vaguement éclairés de ce reflet de lune
Que jette le passé!

O palais, sois béni! sois bénie, ô ruine!
Qu'une auguste auréole à jamais t'illumine!
Devant tes noirs créneaux, pieux, nous nous courbons,
Car le vieux roi de France a trouvé sous ton ombre
Cette hospitalité mélancolique et sombre
Qu'on reçoit et qu'on rend de Stuarts à Bourbons!

Juin 1839.

III

AU ROI LOUIS-PHILIPPE

APRÈS L'ARRÊT DE MORT

PRONONCÉ LE 12 JUILLET 1839.

Par votre ange envolée ainsi qu'une colombe!
Par ce royal enfant, doux et frêle roseau!
Grâce encore une fois! grâce au nom de la tombe!
Grâce au nom du berceau!

12 juillet. Minuit.

IV

REGARD JETÉ DANS UNE MANSARDE

I

L'église est vaste et haute. A ses clochers superbes
L'ogive en fleur suspend ses trèfles et ses gerbes;
Son portail resplendit, de sa rose pourvu;
Le soir fait fourmiller sous la voussure énorme
Anges, vierges, le ciel, l'enfer sombre et difforme,
Tout un monde effrayant comme un rêve entrevu.

Mais ce n'est pas l'église et ses voûtes sublimes,
Ses portes, ses vitraux, ses lueurs, ses abîmes,
Sa façade et ses tours, qui fascine mes yeux;
Non; c'est tout près, dans l'ombre où l'âme aime à descendre,
Cette chambre d'où sort un chant sonore et tendre,
Posée au bord d'un toit comme un oiseau joyeux.

Oui, l'édifice est beau, mais cette chambre est douce.
J'aime le chêne altier moins que le nid de mousse,
J'aime le vent des prés plus que l'âpre ouragan;
Mon cœur, quand il se perd sur les vagues béantes,
Préfère l'algue obsure aux falaises géantes,
Et l'heureuse hirondelle au splendide Océan.

II

Frais réduit! à travers une claire feuillée
Sa fenêtre petite et comme émerveillée
S'épanouit auprès du gothique portail.
Sa verte jalousie à trois clous accrochée,
Par un bout s'échappant, par l'autre rattachée,
S'ouvre coquettement comme un grand éventail.

Au dehors un beau lis, qu'un prestige environne,
Emplit de sa racine et de sa fleur couronne,
— Tout près de la gouttière où dort un chat sournois, —
Un vase à forme étrange en porcelaine bleue
Où brille, avec des paons ouvrant leur large queue,
Ce beau pays d'azur que rêvent les Chinois

Et dans l'intérieur par moments luit et passe
Une ombre, une figure, une fée, une grâce,
Jeune fille du peuple au chant plein de bonheur,
Orpheline, dit-on, et seule en cet asile,
Mais qui parfois a l'air, tant son front est tranquille,
De voir distinctement la face du Seigneur.

On sent, rien qu'à la voir, sa dignité profonde.
De ce cœur sans limon nul vent n'a troublé l'onde.
Ce tendre oiseau qui jase ignore l'oiseleur.
L'aile du papillon a toute sa poussière.
L'âme de l'humble vierge a toute sa lumière.
La perle de l'aurore est encor dans la fleur.

A l'obscure mansarde il semble que l'œil voie
Aboutir doucement tout un monde de joie,
La place, les passants, les enfants, leurs ébats,
Les femmes sous l'église à pas lents disparues,
Les fronts épanouis par la chanson des rues,
Mille rayons d'en haut, mille reflets d'en bas.

Fille heureuse! autour d'elle ainsi qu'autour d'un temple
Tout est modeste et doux, tout donne un bon exemple.
L'abeille fait son miel, la fleur rit au ciel bleu,
La tour répand de l'ombre, et, devant la fenêtre,
Sans faute, chaque soir, pour obéir au maître,
L'astre allume humblement sa couronne de feu.

Sur son beau col, empreint de virginité pure,
Point d'altière dentelle ou de riche guipure;
Mais un simple mouchoir noué pudiquement.
Pas de perle à son front, mais aussi pas de ride,
Mais un œil chaste et vif, mais un regard limpide.
Où brille le regard, que sert le diamant?

III

L'angle de la cellule abrite un lit paisible.
Sur la table est ce livre où Dieu se fait visible,
La légende des saints, seul et vrai panthéon.
Et dans un coin obscur, près de la cheminée,
Entre la bonne Vierge et le buis de l'année,
Quatre épingles au mur fixent Napoléon.

Cet aigle en cette cage! — et pourquoi non? dans l'ombre
De cette chambre étroite et calme, où rien n'est sombre,
Où dort la belle enfant, douce comme son lis,
Où tant de paix, de grâce et de joie est versée,
Je ne hais pas d'entendre au fond de ma pensée
Le bruit des lourds canons roulant vers Austerlitz.

Et près de l'empereur devant qui tout s'incline,
— O légitime orgueil de la pauvre orpheline! —
Brille une croix d'honneur, signe humble et triomphant,
Croix d'un soldat tombé comme tout héros tombe,
Et qui, père endormi, fait du fond de sa tombe,
Veiller un peu de gloire auprès de son enfant.

IV

Croix de Napoléon! joyau guerrier! pensée!
Couronne de laurier de rayons traversée!
Quand il menait ses preux aux combats acharnés,
Il la laissait, afin de conquérir la terre,
Pendre sur tous les fronts durant toute la guerre,
Puis, la grande œuvre faite, il leur disait: Venez!

Puis il donnait sa croix à ces hommes stoïques,
Et des larmes coulaient de leurs yeux héroïques;
Muets, ils adoraient leur demi-dieu vainqueur.
On eût dit qu'allumant leur âme avec son âme,
En touchant leur poitrine avec son doigt de flamme,
Il leur faisait jaillir cette étoile du cœur!

V

Le matin elle chante et puis elle travaille,
Sérieuse, les pieds sur sa chaise de paille,
Cousant, taillant, brodant quelques dessins choisis;
Et, tandis que, songeant à Dieu, simple et sans crainte,
Cette vierge accomplit sa tâche auguste et sainte,
Le silence rêveur à sa porte est assis.

Ainsi, Seigneur, vos mains couvrent cette demeure.
Dans cet asile obscur qu'aucun souci n'effleure,

Rien qui ne soit sacré, rien qui ne soit charmant!
Cette âme, en vous priant pour ceux dont la nef sombre,
Peut monter chaque soir vers vous sans faire d'ombre
Dans la sérénité de votre firmament!

Nul danger! nul écueil!... — Si! l'aspic est dans l'herbe!
Hélas! hélas! le ver est dans le fruit superbe!
Pour troubler une vie, il suffit d'un regard.
Le mal peut se montrer même aux clartés d'un cierge.
La curiosité qu'a l'esprit de la vierge
Fait une plaie au cœur de la femme plus tard.

Plein de ces chants honteux, dégoût de la mémoire,
Un vieux livre est là-haut sur une vieille armoire,
Par quelque vil passant dans cette ombre oublié;
Roman du dernier siècle! œuvre d'ignominie!
Voltaire alors régnait, ce singe de génie,
Chez l'homme en mission par le diable envoyé.

VI

Epoque qui gardas, de vin, de sang rougie,
Même en agonisant, l'allure de l'orgie!
O dix-huitième siècle, impie et châtié!
Société sans Dieu, qui par Dieu fus frappée!
Qui, brisant sous la hache et le sceptre et l'épée,
Jeune offensas l'amour, et vieille la pitié!

Table d'un long festin qu'un échafaud termine!
Monde, aveugle pour Christ, que Satan illumine!
Honte à tes écrivains devant les nations!
L'ombre de tes forfaits est dans leur renommée,
Comme d'une chaudière il sort une fumée,
Leur sombre gloire sort des révolutions!

VII

Frêle barque assoupie à quelques pas d'un gouffre!
Prends garde, enfant! cœur tendre où rien encor ne souffre!
O pauvre fille d'Eve! ô pauvre jeune esprit!
Voltaire, le serpent, le doute, l'ironie,
Voltaire est dans un coin de ta chambre bénie!
Avec son œil de flamme il t'espionne et rit.

Oh! tremble! ce sophiste a sondé bien des fanges!
Oh! tremble! ce faux sage a perdu bien des anges!
Ce démon, noir milan, fond sur les cœurs pieux,
Et les brise, et souvent, sous ses griffes cruelles,
Plume à plume j'ai vu tomber ces blanches ailes
Qui font qu'une âme vole et s'enfuit dans les cieux!

Il compte de ton sein les battements sans sombre.
Le moindre mouvement de ton esprit dans l'ombre,
S'il penche un peu vers lui, fait resplendir son œil.
Et, comme un loup rôdant, comme un tigre qui guette,
Par moments, de Satan, visible au seul poëte,
La tête monstrueuse apparaît à ton seuil!

VIII

Hélas! si ta main chaste ouvrait ce livre infâme,
Tu sentirais soudain Dieu mourir dans ton âme.
Ce soir tu pencherais ton front triste et boudeur
Pour voir passer au loin dans quelque verte allée
Les chars étincelants à la roue étoilée,
Et demain tu rirais de la sainte pudeur!

Ton lit, troublé la nuit de visions étranges,
Ferait fuir le sommeil, le plus craintif des anges!
Tu ne dormirais plus, tu ne chanterais plus;
Et ton esprit, tombé dans l'océan des rêves,
Irait, déraciné comme l'herbe des grèves,
Du plaisir à l'opprobre et du flux au reflux!

IX

Oh! la croix de ton père est là qui te regarde!
La croix du vieux soldat mort dans la vieille garde!
Laisse-toi conseiller par elle, ange tenté,
Laisse-toi conseiller, guider, sauver peut-être
Par ce lis fraternel penché sur ta fenêtre,
Qui mêle son parfum à ta virginité!

Par toute ombre qui passe en baissant la paupière!
Par les vieux saints rangés sous le portail de pierre!
Par la blanche colombe aux rapides adieux!
Par l'orgue ardent dont l'hymne en longs sanglots se brise!
Laisse-toi conseiller par la pensive église!
Laisse-toi conseiller par le ciel radieux!

Laisse-toi conseiller par l'aiguille ouvrière,
Présente à ton labeur, présente à ta prière;
Qui dit tout bas: Travaille! — Oh! crois-la! — Dieu, vois-tu!
Fit naître du travail, que l'insensé repousse,
Deux filles: la vertu, qui fait la gaîté douce,
Et la gaîté, qui rend charmante la vertu!

Entends ces mille voix, d'amour accentuées,
Qui passent dans le vent, qui tombent des nuées,
Qui montent vaguement des seuils silencieux,
Que la rosée apporte avec ses chastes gouttes,
Que le chant des oiseaux te répète, et qui toutes
Te disent à la fois: Sois pure sous les cieux!

Sois pure sous les cieux! comme l'onde et l'aurore,
Comme le joyeux nid, comme la tour sonore,
Comme la gerbe blonde, amour du moissonneur,
Comme l'astre incliné, comme la fleur penchante,
Comme tout ce qui rit, comme tout ce qui chante,
Comme tout ce qui dort dans la paix du Seigneur!

Sois calme. Le repos va du cœur au visage,
La tranquillité fait la majesté du sage.
Sois joyeuse. La foi vit sans l'austérité;
Un des reflets du ciel, c'est le rire des femmes;
La joie est la chaleur qui jette dans les âmes
Cette clarté d'en haut qu'on nomme Vérité.

La joie est pour l'esprit une riche ceinture.
La joie adoucit tout dans l'immense nature.
Dieu sur les vieilles tours pose le nid charmant
Et la broussaille en fleur qui luit dans l'herbe épaisse,
Car la ruine même autour de sa tristesse
A besoin de jeunesse et de rayonnement!

Sois bonne. La bonte contient les autres choses.
Le Seigneur indulgent sur qui tu te reposes
Compose de bonté le penseur fraternel.
La bonté, c'est le fond des natures augustes,
D'une seule vertu Dieu fait le cœur des justes,
Comme d'un seul saphir la coupole du ciel.

Ainsi, tu resteras, comme un lis, comme un cygne,
Blanche entre les fronts purs marqués d'un divin signe.
Et tu seras de ceux qui, sans peur, sans ennuis,
Des saintes actions amassant la richesse,
Rangent leur barque au port, leur vie à la sagesse,
Et, priant tous les soirs, dorment toutes les nuits!

LE POËTE A LUI-MÊME.

Tandis que sur les bois, les prés et les charmilles,
S'épanchent la lumière et la splendeur des cieux,
Toi, poëte serein, répands sur les familles,
Répands sur les enfants et sur les jeunes filles,
Répands sur les vieillards ton chant religieux!

Montre du doigt la rive à tous ceux qu'une voile
Traîne sur le flot noir par les vents agité :
Aux vierges, l'innocence, heureuse et noble étoile;
A la foule, l'autel que l'impiété voile;
Aux jeunes, l'avenir; aux vieux, l'éternité!

Fais filtrer ta raison dans l'homme et dans la femme,
Montre à chacun le vrai du côté saisissant.
Que tout penseur en toi trouve ce qu'il réclame.
Plonge Dieu dans les cœurs, et jette dans chaque âme
Un mot révélateur propre à ce qu'elle sent.

Ainsi, sans bruit dans l'ombre, ô songeur solitaire,
Ton esprit, d'où jaillit ton vers que Dieu bénit,
Du peuple sous tes pieds perce le crâne austère; —
Comme un coin lent et sûr, dans les flancs de la terre,
La racine du chêne entr'ouvre le granit.

Juin 1839.

V

On croyait dans ces temps où le pâtre nocturne,
Loin dans l'air, au-dessus de son front taciturne,
Voyait parfois, témoin par l'ombre recouvert,
Dans un noir tourbillon de tonnerre et de pluie,
Passer rapidement la figure éblouie
D'un prophète emporté par l'Esprit au désert!

On croyait dans les jours du barde et du trouvère!
Quand tout un monde armé se ruait au Calvaire
Pour délivrer la croix,
Et pour voir le lac sombre où Jésus sauva Pierre,
L'Horeb et le Cédron et les portes de pierre
Du sépulcre des rois!

On croyait dans ce siècle où tout était prière;
Où Louis, au moment de ravir la Vallière,
S'arrêtait éperdu devant un crucifix;
Où l'autel rayonnait près du trône prospère;
Où, quand le roi disait : Dieu seul est grand, mon père!
L'évêque répondait : Dieu seul est grand, mon fils!

Les pâtres maintenant dorment dans les ravines;
Jérusalem est turque; et les moissons divines
N'ont plus de moissonneur.
La royauté décline et le peuple se lève.
—Hélas! l'homme aujourd'hui ne croit plus, mais il rêve.—
Lequel vaut mieux, Seigneur?

Mars 1839.

VI

SUR UN HOMME POPULAIRE

O peuple! sous ce crâne où rien n'a pénétré,
Sous l'auguste sourcil morose et vénéré
Du tribun et du cénobite,
Sous ce front dont un jour les révolutions
Feront en l'entr'ouvrant sortir les visions,
Une pensée affreuse habite.

Dans l'Inde ainsi parfois le passant curieux
Contemple avec respect un mont mystérieux,
Cime des nuages touchée,
Rêve et croit respirer, sans approcher trop près,
Dans ces rocs, dans ces eaux, dans ces mornes forêts,
Une divinité cachée.

L'intérieur du mont en pagode est sculpté.
Puis vient enfin le jour de la solennité;
On brise la porte murée;
Le peuple accourt poussant des cris tumultueux; —
L'idole alors, fœtus aveugle et monstrueux,
Sort de la montagne éventrée.

Avril 1839.

VII

LE MONDE ET LE SIÈCLE

Que faites-vous, Seigneur? à quoi sert votre ouvrage?
A quoi bon l'eau du fleuve et l'éclair de l'orage?
Les prés, les ruisseaux purs qui lavent le gazon?
Et, sur les coteaux verts dont s'emplit l'horizon,
Les immenses troupeaux aux fécondes haleines
Que l'aboiement des chiens chasse à travers les plaines?
Pourquoi, dans ce doux mois où l'air tremble attiédi,
Quand un calice s'ouvre aux souffles du Midi,
Y plonger, ô Seigneur, l'abeille butinante
Et changer toute fleur en cloche bourdonnante?
Pourquoi le brouillard d'or qui monte des hameaux?
Pourquoi l'ombre et la paix qui tombent des rameaux?
Pourquoi le lac d'azur semé de molles îles?
Pourquoi les bois profonds, les grottes, les asiles?
A quoi bon, chaque soir, quand luit l'été vermeil,
Comme un charbon ardent déposant le soleil
Au milieu des vapeurs par les vents remuées,
Allumer au couchant un brasier de nuées?
Pourquoi rougir la vigne et jeter aux vieux murs
Le rayon qui revient gonfler les raisins murs?
A quoi bon incliner sur ses axes mobiles
Ce globe monstrueux avec toutes ses villes,
Et ses monts et ses mers qui flottent alentour,
A quoi bon, ô Seigneur, l'incliner tour à tour,

Si c'est pour que le prince, homme né d'une femme...

Pour que l'ombre l'éteigne ou que le jour le dore,
Tantôt vers la nuit sombre et tantôt vers l'aurore?
A quoi vous sert le flot, le nuage, le bruit
Qu'en secret dans la fleur fait le germe du fruit?
A quoi bon féconder les éthers et les ondes,
Faire à tous les soleils des ceintures de mondes,
Peupler d'astres errants l'arche énorme des cieux,
Seigneur! et sur nos fronts, d'où rayonnent nos yeux,
Entasser en tous sens des millions de lieues
Et du vague infini poser les plaines bleues?
Pourquoi sur les hauteurs et dans les profondeurs
Cet amas effrayant d'ombres et de splendeurs?
A quoi bon parfumer, chauffer, nourrir et luire,
Tout aimer, et, Dieu bon! incessamment traduire,
Pour l'œil intérieur comme pour l'œil charnel,
L'éternelle pensée en spectacle éternel?
Si c'est pour qu'en ce siècle, où la loi tombe en cendre,
L'homme passe sans voir, sans croire, sans comprendre,
Sans rien chercher dans l'ombre, et sans lever les yeux
Vers les conseils divins qui flottent dans les cieux.
Sous la forme sacrée ou sous l'éclatant voile
Tantôt d'une nuée et tantôt d'une étoile!
Si c'est pour que ce temps fasse, en son morne ennui,
De l'opprimé d'hier l'oppresseur d'aujourd'hui;
Pour qu'on s'entre-déchire à propos de cent rêves!
Pour que le peuple, foule où dorment tant de sèves,
Aussi bien que les rois, — grave et haute leçon! —
Ait la brutalité pour dernière raison,
Et réponde, troupeau qu'on tue ou qui lapide,
A l'aveugle boulet par le pavé stupide!
Si c'est pour que l'émeute ébranle la cité!
Pour que tout soit tyran, même la liberté!
Si c'est pour que l'honneur des anciens gentilshommes,
Par eux-mêmes amené dans l'ornière où nous sommes,
Aux projets des partis s'attelle tristement;
Si c'est pour qu'à sa haine on ajoute un serment
Comme à son vieux poignard on remet une lame;
Si c'est pour que le prince, homme né d'une femme,
Né pour briller bien vite et pour vivre bien peu,
S'imagine être roi comme vous êtes Dieu!
Si c'est pour que la joie aux justes soit ravie;
Pour que l'iniquité règne, pour que l'envie,
Emplissant tant de fronts de brasiers dévorants,
Fasse petits des cœurs que l'amour ferait grands!

Paris. Jules Bonaventure, imprimeur.

Et vos durs bûcherons, tout hâlés par le vent...
(Page 50.)

Si c'est pour que le prêtre, infirme et triste apôtre,
Marche avec ses deux yeux, ouvrant l'un, fermant l'autre,
Insulte à la nature au nom du Verbe écrit,
Et ne comprenne pas qu'ici tout est l'esprit,
Que Dieu met comme en nous son souffle dans l'argile,
Et que l'arbre et la fleur commentent l'Évangile!
Si c'est pour que personne enfin, grand ou petit,
Pas même le vieillard que l'âge appesantit,
Personne, du tombeau sondant les avenues,
N'ait l'austère souci des choses inconnues,
Et que, pareil au bœuf par l'instinct assoupi,
Chacun trace un sillon sans songer à l'épi!
Car l'humanité, morne et manquant de prophètes,
Perd l'admiration des œuvres que vous faites;
L'homme ne sent plus luire en son cœur triomphant
Ni l'aube, ni le lis, ni l'ange, ni l'enfant,
Ni l'âme, ce rayon fait de lumière pure,
Ni la création, cette immense figure!

De là vient que souvent je rêve et que je dis :
— Est-ce que nous serions condamnés et maudits?
Est-ce que ces vivants, chétivement prospères,
Seraient déshérités du souffle de leurs pères?
O Dieu! considérez les hommes de ce temps,
Aveugles, loin de vous sous tant d'ombres flottants.
Éteignez vos soleils ou rallumez leur flamme!
Reprenez votre monde, ou donnez-leur une âme!

Juin 1839.

VIII

A M. LE D. DE ***

Jules, votre château, tour vieille et maison neuve,
Se mire dans la Loire, à l'endroit où le fleuve,

Sous Blois, élargissant son splendide bassin,
Comme une mère presse un enfant sur son sein
En lui parlant tout bas d'une voix recueillie,
Serre une île charmante en ses bras qu'il replie.
Vous avez tous les biens que l'homme peut tenir.
Déjà vous souriez voyant l'été venir,
Et vous écouterez bientôt sous le feuillage
Les rires éclatants qui montent du village.
Vous vivez! avril passe, et voici maintenant
Que mai, le mois d'amour, mai rose et rayonnant,
Mai dont la robe verte est chaque jour plus ample,
Comme un lévite enfant chargé d'orner le temple,
Suspend aux noirs rameaux qu'il gonfle en les touchant
Les fleurs d'où sort l'encens, les nids d'où sort le chant.

Et puis vous m'écrivez que votre cheminée
Surcharge en ce moment sa frise blasonnée
D'un tas d'anciens débris autrefois triomphants,
De glaives, de cimiers essayés des enfants,
Qui souillent les doigts blancs de vos belles duchesses;
Et qu'enfin, — et c'est là d'où viennent vos richesses, —
Vos paysans, piquant les bœufs de l'aiguillon,
Ont ouvert un sépulcre en creusant un sillon.
Votre camp de César a subi leur entaille.
Car vous avez à vous tout un champ de bataille;
Et vos durs bûcherons, tout hâlés par le vent,
Du bruit de leur cognée ont troublé bien souvent,
Avec les noirs corbeaux s'enfuyant par volées,
Les ombres des héros à vos chênes mêlées.

Ami, vous le savez, spectateur sérieux,
J'ai rêvé bien des fois dans ces champs glorieux,
Qui, forcés par le soc, eux, vieux témoins des guerres,
A donner des moissons comme des champs vulgaires,
Pareils au roi déchu qui, craignant le réveil,
Revoit sa gloire en songe aux heures du sommeil,
Le jour laissent marcher le bouvier dans leurs seigles,
Et reçoivent la nuit la visite des aigles!

Oh! respectez, enfant d'un siècle où tout se vend,
Rome morte à côté d'un village vivant!
Que votre piété, qui sur tout veut descendre,
Laisse en paix cette terre ou plutôt cette cendre!
Vivez content! dès l'aube, en vos secrets chemins,
Errez avec la main d'une femme en vos mains;
Contemplez, du milieu de tant de douces choses,
Dieu qui se réjouit dans la saison des roses;
Et puis, le soir, au fond d'un coffre vermoulu,
Prenez ce vieux Virgile où tant de fois j'ai lu!
Cherchez l'ombre, et, tandis que dans la galerie
Jase et rit au hasard la folle causerie,
Vous, éclairant votre âme aux antiques clartés,
Lisez mon doux Virgile, ô Jule, et méditez!

Car les temps sont venus qu'a prédits le poëte!
Aujourd'hui dans ces champs, vaste plaine muette,
Parfois le laboureur, sur le sillon courbé,
Trouve un noir javelot qu'il croit des cieux tombé;
Puis heurte pêle-mêle, au fond du sol qu'il fouille,
Casques vides, vieux dards qu'amalgame la rouille,
Et, rouvrant des tombeaux pleins de débris humains,
Pâlit de la grandeur des ossements romains!

Mai 1839.

IX

A MADEMOISELLE FANNY DE P.

O vous que votre âge défend,
Riez! tout vous caresse encore.
Jouez! chantez! soyez l'enfant!
Soyez la fleur! soyez l'aurore!

Quant au destin, n'y songez pas.
Le ciel est noir, la vie est sombre.
Hélas! que fait l'homme ici-bas?
Un peu de bruit dans beaucoup d'ombre.

Le sort est dur, nous le voyons.
Enfant! souvent l'œil plein de charmes
Qui jette le plus de rayons
Répand aussi le plus de larmes.

Vous que rien ne vient éprouver,
Vous avez tout! joie et délire,
L'innocence qui fait rêver,
L'ignorance qui fait sourire.

Vous avez, lis sauvé des vents,
Cœur occupé d'humbles chimères,
Ce calme bonheur des enfants,
Pur reflet du bonheur des mères.

Votre candeur vous embellit.
Je préfère à toute autre flamme
Votre prunelle que remplit
La clarté qui sort de votre âme.

Pour vous ni soucis ni douleurs.
La famille vous idolâtre.
L'été, vous courez dans les fleurs;
L'hiver, vous jouez près de l'âtre.

La poésie, esprit des cieux,
Près de vous, enfant, s'est posée:
Votre mère l'a dans ses yeux,
Votre père dans sa pensée.

Profitez de ce temps si doux!
Vivez! — La joie est vite absente;
Et les plus sombres d'entre nous
Ont eu leur aube éblouissante

Comme on prie avant de partir,
Laissez-moi vous bénir, jeune âme, —
Ange qui serez un martyr,
Enfant qui serez une femme!

Février 1840.

X

Comme dans les étangs assoupis sous les bois,
Dans plus d'une âme on voit deux choses à la fois :
Le ciel, — qui teint les eaux à peine remuées
Avec tous ses rayons et toutes ses nuées;
Et la vase, — fond morne, affreux, sombre et dormant,
Où des reptiles noirs fourmillent vaguement.

Mai 1839

XI

FIAT VOLUNTAS

Pauvre femme! son lait à sa tête est monté.
Et, dans ses froids salons, le monde a répété,
Parmi les vains propos que chaque jour emporte,
Hier, qu'elle était folle, aujourd'hui qu'elle est morte,
Et, seul au champ des morts, je foule ce gazon,
Cette tombe où sa vie a suivi sa raison!

Folle! morte! pourquoi? mon Dieu! pour peu de chose!
Pour un fragile enfant dont la paupière est close,
Pour un doux nouveau-né, tête aux fraîches couleurs,
Qui naguère à son sein, comme une mouche aux fleurs,
Pendait, riait, pleurait, et, malgré ses prières,
Troublant tout leur sommeil durant des nuits entières,
Faisait mille discours, pauvre petit ami!
Et qui ne dit plus rien, car il est endormi.

Quand elle vit son fils, le soir d'un jour bien sombre,
Car elle l'appelait son fils, cette vaine ombre!
Quand elle vit l'enfant glacé dans sa pâleur,
— Oh! ne consolez point une telle douleur!
Elle ne pleura pas. Le lait avec la fièvre
Soudain troubla sa tête et fit trembler sa lèvre,
Et depuis ce jour-là, sans voir et sans parler,
Elle allait devant elle et regardait aller!
Elle cherchait dans l'ombre une chose perdue,
Son enfant disparu dans la vague étendue;
Et par moment penchait son oreille en marchant,
Comme si sous la terre elle entendait un chant!

Une femme du peuple, un jour que dans la rue
Se pressait sur ses pas une foule accourue,
Rien qu'à la voir souffrir devina son malheur.
Les hommes, en voyant ce beau front sans couleur,
Et cet œil froid toujours suivant une chimere,
S'écriaient : Pauvre folle! elle dit : Pauvre mère!

Pauvre mère, en effet! Un soupir étouffant
Parfois coupait sa voix qui murmurait : L'enfant!
Parfois elle semblait, dans la cendre enfouie,
Chercher une lueur au ciel évanouie;
Car la jeune âme enfuie, hélas! de sa maison,
Avait en s'en allant emporté sa raison!

On avait beau lui dire, en parlant à voix basse,
Que la vie est ainsi; que tout meurt, que tout passe;
Et qu'il est des enfants — mères, sachez-le bien!
Que Dieu, qui prête tout et qui ne donne rien,
Pour rafraîchir nos fronts avec leurs ailes blanches,
Met comme des oiseaux pour un jour sur nos branches!
On avait beau lui dire, elle n'entendait pas.
L'œil fixe, elle voyait toujours devant ses pas
S'ouvrir les bras charmants de l'enfant qui l'appelle.
Elle avait des hochets fait une humble chapelle.
C'est ainsi qu'elle est morte,—en deux mois, sans efforts;—
Car rien n'est plus puissant que ces petits bras morts
Pour tirer promptement les mères dans la tombe.
Où l'enfant est tombé bientôt la femme tombe.
Qu'est-ce qu'une maison dont le seuil est désert?
Qu'un lit sans un berceau? Dieu clément! à quoi sert
Le regard maternel sans l'enfant qui repose?
A quoi bon ce sein blanc sans cette bouche rose?

Après avoir longtemps, le cœur mort, les yeux morts,
Erré sur le tombeau comme étant en dehors,
— Longtemps! ce sont ici des paroles humaines,
Hélas! il a suffi de bien peu de semaines! —
Malheureuse! en deux mois tout s'est évanoui.
Hier elle était folle, elle est morte aujourd'hui!

Il suffit qu'un oiseau vienne sur une rive
Pour qu'un deuxième oiseau tout en hâte l'y suive.
Sur deux il en est un toujours qui va devant.
Après avoir à peine ouvert son aile au vent,
Il vint, le bel enfant, s'abattre sur la tombe;
Elle y vint après lui comme une autre colombe.

On a creusé la terre, et là, sous le gazon,
On a mis la nourrice auprès du nourrisson.

Et moi je dis : — Seigneur! votre règle est austère!
Seigneur! vous avez mis partout un noir mystère,
Dans l'homme et dans l'amour, dans l'arbre et dans l'oiseau,
Et jusque dans ce lait que réclame un berceau,
Ambroisie et poison, doux miel, liqueur amère,
Fait pour nourrir l'enfant ou pour tuer la mère!

Février 1837.

XII

A LAURE, DUCH. D'A.*

Puisqu'ils n'ont pas compris, dans leur étroite sphère,
Qu'après tant de splendeur, de puissance et d'orgueil,
Il était grand et beau que la France dût faire
L'aumône d'une fosse à ton noble cercueil;

Puisqu'ils n'ont pas senti que celle qui sans crainte
Toujours loua la gloire et flétrit les bourreaux
A le droit de dormir sur la colline sainte,
A le droit de dormir à l'ombre des héros;

Puisque le souvenir de nos grandes batailles
Ne brûle pas en eux comme un sacré flambeau;
Puisqu'ils n'ont pas de cœur, puisqu'ils n'ont point d'entrailles,
Puisqu'ils t'ont refusé la pierre d'un tombeau;

C'est à nous de chanter un chant expiatoire!
C'est à nous de t'offrir notre deuil à genoux!
C'est à nous, c'est à nous de prendre ta mémoire
Et de l'ensevelir dans un vers triste et doux!

C'est à nous cette fois de garder, de défendre
La mort contre l'oubli, son pâle compagnon;
C'est à nous d'effeuiller des roses sur ta cendre,
C'est à nous de jeter des lauriers sur ton nom!

Puisqu'un stupide affront, pauvre femme endormie,
Monte jusqu'à ton front que César étoila,
C'est à moi, dont ta main pressa la main amie,
De te dire tout bas : Ne crains rien! je suis là!

Car j'ai ma mission! car, armé d'une lyre,
Plein d'hymnes irrités ardents à s'épancher,
Je garde le trésor des gloires de l'Empire;
Je n'ai jamais souffert qu'on osât y toucher!

Car ton cœur abondait en souvenirs fidèles:
Dans notre ciel sinistre et sur nos tristes jours,
Ton noble esprit planait avec de nobles ailes,
Comme un aigle souvent, comme un ange toujours!

Car, forte pour tes maux et bonne pour les nôtres,
Livrée à la tempête et femme en proie au sort,
Jamais tu n'imitas l'exemple de tant d'autres,
Et d'une lâcheté tu ne te fis un port!

Car toi, la muse illustre, et moi, l'obscur apôtre,
Nous avons dans ce monde eu le même mandat,
Et c'est un nœud profond qui nous joint l'un à l'autre,
Toi, veuve d'un héros, et moi, fils d'un soldat!

Aussi sans me lasser dans cette Babylone,
Des drapeaux insultés baisant chaque lambeau,
J'ai dit pour l'empereur : Rendez-lui sa colonne!
Et je dirai pour toi : Donnez-lui son tombeau!

Février 1840.

* Le conseil municipal de la ville de Paris a refusé de donner six pieds de terre dans le cimetière du Père-Lachaise pour le tombeau de la veuve de Junot, ancien gouverneur de Paris.

Le ministre de l'intérieur a également refusé un morceau de marbre pour ce monument.

(*Journaux de février* 1840.)

XIII

Puits de l'Inde! tombeaux! monuments constellés!
Vous dont l'intérieur n'offre aux regards troublés
Qu'un amas tournoyant de marches et de rampes,
Froids cachots, corridors où rayonnent des lampes,
Poutres où l'araignée a tendu ses longs fils,
Blocs ébauchant partout de sinistres profils,
Toits de granit, troués comme une frêle toile,
Par où l'œil voit briller quelque profonde étoile,
Et des chaos de murs, de chambres, de paliers!
Où s'écroule au hasard un gouffre d'escaliers!
Cryptes qui remplissez d'horreur religieuse
Votre voûte sans fin, morne et prodigieuse!
Cavernes où l'esprit n'ose aller trop avant!
Devant vos profondeurs j'ai pâli bien souvent
Comme sur un abîme ou sur une fournaise,
Effrayantes Babels que rêvait Piranèse!

Entrez si vous l'osez!

Sur le pavé dormant
Les ombres des arceaux se croisent tristement,
La dalle par endroits pliant sous les décombres,
S'entr'ouvre pour laisser passer des degrés sombres
Qui fouillent, vis de pierre, un souterrain sans fond;
D'autres montent là-haut et crèvent le plafond.
Où vont-ils? Dieu le sait. Du creux d'une arche vide
Une eau qui tombe envoie une lueur livide.
Une voûte au front vert s'égoutte dans un puits.
Dans l'ombre un lourd monceau de roches sans appuis
S'arrête retenu par des ronces grimpantes;
Une corde qui pend d'un amas de charpentes
S'offre, mystérieuse, à la main du passant;
Dans un caveau, penché sur un livre, et lisant,
Un vieillard surhumain, sur le roc qui surplombe,
Semble vivre oublié par la mort dans sa tombe.
Des sphinx, des bœufs d'airain, sur l'étrave accroupis,
Ont fait des chapiteaux aux piliers décrépits;
L'aspic à l'œil de braise, agitant ses paupières,
Passe sa tête plate aux crevasses des pierres.
Tout chancelle et fléchit sous les toits entr'ouverts.
Le mur suinte, et l'on voit fourmiller à travers
De grands feuillages roux, sortant d'entre les marbres,
Des monstres qu'on prendrait pour des racines d'arbres.
Partout, sur les parois du morne monument,
Quelque chose d'affreux rampe confusément;
Et celui qui parcourt ce dédale difforme,
Comme s'il était pris par un polype énorme,
Sur son front effaré, sous son pied hasardeux,
Sent vivre et remuer l'édifice hideux!

Aux heures où l'esprit, dont l'œil partout se pose,
Cherche à voir dans la nuit le fond de toute chose,

Dans ces lieux effrayants mon regard se perdit.
Bien souvent je les ai contemplés, et j'ai dit :

— O rêves de granit! grottes visionnaires!
Cryptes! palais! tombeaux, pleins de vagues tonnerres!
Vous êtes moins brumeux, moins noirs, moins ignorés,
Vous êtes moins profonds et moins désespérés
Que le destin, cet antre habité par nos craintes,
Où l'âme entend, perdue en d'affreux labyrinthes,
Au fond, à travers l'ombre, avec mille bruits sourds,
Dans un gouffre inconnu tomber le flot des jours! —

Avril 1839.

XIV

DANS LE CIMETIÈRE DE...

La foule des vivants rit et suit sa folie,
Tantôt pour son plaisir, tantôt pour son tourment;
Mais par les morts muets, par les morts qu'on oublie,
Moi, rêveur, je me sens regardé fixement.

Ils savent que je suis l'homme des solitudes,
Le promeneur pensif sous les arbres épais,
L'esprit qui trouve, ayant ses douleurs pour études,
Au seuil de tout le trouble, au fond de tout la paix!

Ils savent l'attitude attentive et penchée
Que j'ai parmi les buis, les fosses et les croix;
Ils m'entendent marcher sur la feuille séchée;
Ils m'ont vu contempler des ombres dans les bois

Ils comprennent ma voix sur le monde épanchée,
Mieux que vous, ô vivants, bruyants et querelleurs!
Les hymnes de la lyre en mon âme cachée,
Pour vous ce sont des chants, pour eux ce sont des pleurs.

Oubliés des vivants, la nature leur reste.
Dans le jardin des morts où nous dormirons tous,
L'aube jette un regard plus calme et plus céleste,
Le lis semble plus pur, l'oiseau semble plus doux.

Moi, c'est là que je vis! — cueillant les roses blanches,
Consolant les tombeaux délaissés trop longtemps,
Je passe et je reviens, je dérange les branches,
Je fais du bruit dans l'herbe, et les morts sont contents.

Là je rêve! et, rôdant dans le champ léthargique,
Je vois, avec des yeux dans ma pensée ouverts,
Se transformer mon âme en un monde magique,
Miroir mystérieux du visible univers.

Regardant sans les voir de vagues scarabées,
Des rameaux indistincts, des formes, des couleurs,
Là, j'ai dans l'ombre, assis sur des pierres tombées,
Des éblouissements de rayons et de fleurs.

Là, le songe idéal qui remplit ma paupière
Flotte, lumineux voile, entre la terre et nous:
Là, mes doutes ingrats se fondent en prière;
Je commence debout et j'achève à genoux

Comme au creux du rocher vole l'humble colombe,
Cherchant la goutte d'eau qui tombe avant le jour,
Mon esprit altéré, dans l'ombre de la tombe,
Va boire un peu de foi, d'espérance et d'amour!

Mars 1840.

XV

Mères, l'enfant qui joue à votre seuil joyeux,
Plus frêle que les fleurs, plus serein que les cieux,
Vous conseille l'amour, la pudeur, la sagesse.
L'enfant, c'est un feu pur dont la chaleur caresse,
C'est de la gaîté sainte et du bonheur sacré;
C'est le nom paternel dans un rayon doré;
Et vous n'avez besoin que de cette humble flamme
Pour voir distinctement dans l'ombre de votre âme.
Mères, l'enfant qu'on pleure et qui s'en est allé,
Si vous levez vos fronts vers le ciel constellé,
Verse à votre douleur une lumière auguste;
Car l'innocent éclaire aussi bien que le juste!
Il montre, clarté douce, à vos yeux abattus,
Derrière notre orgueil, derrière nos vertus,
Derrière la nuit noire où l'âme en deuil s'exile,
Derrière nos malheurs, Dieu profond et tranquille.
Que l'enfant vive ou dorme, il rayonne toujours!
Sur cette terre où rien ne va loin sans secours,
Où nos jours incertains sur tant d'abîmes pendent,
Comme un guide au milieu des brumes que répandent
Nos vices ténébreux et nos doutes moqueurs,
Vivant, l'enfant fait voir le devoir à vos cœurs;
Mort, c'est la vérité qu'à votre âme il dévoile.
Ici, c'est un flambeau; là haut, c'est une étoile.

Mars 1840.

XVI

Matelots! matelots! vous déploierez les voiles;
Vous voguerez, joyeux parfois, mornes souvent;
Et vous regarderez aux lueurs des étoiles
La rive, écueil ou port, selon le coup de vent.

Envieux, vous mordrez la base des statues.
Oiseaux, vous chanterez! vous verdirez, rameaux
Portes, vous croulerez de lierre revêtues.
Cloches, vous ferez vivre et rêver les hameaux.

Teignant votre nature aux mœurs de tous les hommes,
Voyageurs, vous irez comme d'errants flambeaux;
Vous marcherez pensifs sur la terre où nous sommes,
En vous ressouvenant quelquefois des tombeaux.

Chênes, vous grandirez au fond des solitudes.
Dans les lointains brumeux, à la clarté des soirs;
Vieux saules, vous prendrez de tristes attitudes,
Et vous vous mirerez vaguement aux lavoirs.

Nids, vous tressaillerez sentant croître des ailes;
Sillons, vous frémirez sentant sourdre le blé;
Torches, vous jetterez de rouges étincelles
Qui tourbillonneront comme un esprit troublé.

Foudres, vous nommerez le Dieu que la mer nomme.
Ruisseaux, vous nourrirez la fleur qu'avril dora,
Vos flots refléteront l'ombre austère de l'homme,
Et vos flots couleront, et l'homme passera.

Chaque chose et chacun, âme, être, objet ou nombre,
Suivra son cours, sa loi, son but, sa passion,
Portant sa pierre à l'œuvre indéfinie et sombre
Qu'avec le genre humain fait la création!

Moi, je contemplerai le Dieu père du monde,
Qui livre à notre soif, dans l'ombre ou la clarté,
Le ciel, cette grande urne, adorable et profonde,
Où l'on puise le calme et la sérénité!

Mars 1839.

XVII

SPECTACLE RASSURANT

Tout est lumière, tout est joie.
L'araignée au pied diligent
Attache aux tulipes de soie
Ses rondes dentelles d'argent.

La frissonnante libellule
Mire les globes de ses yeux
Dans l'étang splendide où pullule
Tout un monde mystérieux!

La rose semble, rajeunie,
S'accoupler au bouton vermeil;
L'oiseau chante plein d'harmonie
Dans les rameaux pleins de soleil.

Sa voix bénit le Dieu de l'âme
Qui, toujours visible au cœur pur,
Fait l'aube, paupière de flamme,
Pour le ciel, prunelle d'azur!

Sous les bois, où tout bruit s'émousse,
Le faon craintif joue en rêvant;
Dans les verts écrins de la mousse
Luit le scarabée, or vivant.

La lune au jour est tiède et pâle
Comme un joyeux convalescent;
Tendre, elle ouvre ses yeux d'opale
D'où la douceur du ciel descend!

La giroflée avec l'abeille
Folâtre en baisant le vieux mur;
Le chaud sillon gaîment s'éveille,
Remué par le germe obscur.

Tout vit, et se pose avec grâce,
Le rayon sur le seuil ouvert,
L'ombre qui fuit sur l'eau qui passe,
Le ciel bleu sur le coteau vert!

La plaine brille, heureuse et pure;
Le bois jase, l'herbe fleurit... —
Homme! ne crains rien! la nature
Sait le grand secret, et sourit.

Juin 1839.

XVIII

ÉCRIT SUR LA VITRE

D'UNE FENÊTRE FLAMANDE.

J'aime le carillon dans tes cités antiques,
O vieux pays gardien de tes mœurs domestiques,
Noble Flandre, où le Nord se réchauffe engourdi
Au soleil de Castille et s'accouple au Midi!
Le carillon, c'est l'heure inattendue et folle,
Que l'œil croit voir, vêtue en danseuse espagnole,
Apparaître soudain par le trou vif et clair
Que ferait en s'ouvrant une porte de l'air.
Elle vient, secouant sur les toits léthargiques
Son tablier d'argent plein de notes magiques,
Réveillant sans pitié les dormeurs ennuyeux,
Sautant à petits pas comme un oiseau joyeux,
Vibrant, ainsi qu'un dard qui tremble dans la cible,
Par un frêle escalier de cristal invisible,
Effarée et dansante, elle descend des cieux;
Et l'esprit, ce veilleur fait d'oreilles et d'yeux,
Tandis qu'elle va, vient, monte et descend encore,
Entend de marche en marche errer son pied sonore!

Malines, août 1837.

XIX

CE QUI SE PASSAIT

AUX FEUILLANTINES

VERS 1813.

—

Enfants! beaux fronts naïfs penchés autour de moi,
Bouches aux dents d'émail disant toujours : Pourquoi?
Vous qui, m'interrogeant sur plus d'un grand problème,
Voulez de chaque chose, obscure pour moi-même,
Connaître le vrai sens et le mot décisif,
Et qui touchez à tout dans mon esprit pensif;
— Si bien que, vous partis, enfants, souvent je passe
Des heures, fort maussade, à remettre à leur place
Au fond de mon cerveau mes plans, mes visions,
Mes sujets éternels de méditations,
Dieu, l'homme, l'avenir, la raison, la démence,
Mes systèmes, tas sombre, échafaudage immense,
Dérangés tout à coup, sans tort de votre part,
Par une question d'enfant faite au hasard! —
Puisqu'enfin vous voilà sondant mes destinées,
Et que vous me parlez de mes jeunes années,
De mes premiers instincts, de mon premier espoir,
Ecoutez, doux amis, qui voulez tout savoir!

J'eus dans ma blonde enfance, hélas! trop éphémère,
Trois maîtres :—un jardin, un vieux prêtre et ma mère.—

Le jardin était grand, profond, mystérieux,
Fermé par de hauts murs aux regards curieux,
Semé de fleurs s'ouvrant ainsi que des paupières,
Et d'insectes vermeils qui couraient sur les pierres;
Plein de bourdonnements et de confuses voix;
Au milieu, presque un champ; dans le fond, presque un bois.
Le prêtre, tout nourri de Tacite et d'Homère,
Etait un doux vieillard. Ma mère — était ma mère!

Ainsi je grandissais sous ce triple rayon.

Un jour... — Oh! si Gautier me prêtait son crayon,
Je vous dessinerais d'un trait une figure
Qui chez ma mère un soir entra, fâcheux augure!
Un docteur au front pauvre, au maintien solennel,
Et je verrais éclore à vos bouches sans fiel,
Portes de votre cœur qu'aucun souci ne mine,
Ce rire éblouissant qui parfois m'illumine!

Lorsque cet homme entra, je jouais au jardin,
Et rien qu'en le voyant je m'arrêtai soudain.

C'était le principal d'un collége quelconque.

Les tritons que Coypel groupe autour d'une conque,
Les faunes que Watteau dans les bois fourvoya,
Les sorciers de Rembrandt, les gnomes de Goya,
Les diables variés, vrais cauchemars de moine,
Dont Callot en riant taquine saint Antoine,
Sont laids, mais sont charmants; difformes, mais remplis
D'un feu qui de leur face anime tous les plis,
Et parfois dans leurs yeux jette un éclair rapide.
— Notre homme était fort laid, mais il était stupide.
Pardon, j'en parle encor comme un franc écolier.
C'est mal. Ce que j'ai dit, tâchez de l'oublier;
Car de votre âge heureux, qu'un pédant embarrasse,
J'ai gardé la colère et j'ai perdu la grâce.

Cet homme chauve et noir, très-effrayant pour moi,
Et dont ma mère aussi d'abord eut quelque effroi,
Tout en multipliant les humbles attitudes,
Apportait des avis et des sollicitudes.
— Que l'enfant n'était pas dirigé; — que parfois
Il emportait son livre en rêvant dans les bois;
Qu'il croissait au hasard dans cette solitude;
Qu'on devait y songer; que la sévère étude
Etait fille de l'ombre et des cloîtres profonds,
Qu'une lampe pendue à de sombres plafonds,
Qui de cent écoliers guide la plume agile,
Éclairait mieux Horace et Catulle et Virgile,
Et versait à l'esprit des rayons bien meilleurs
Que le soleil qui joue à travers l'arbre en fleurs;
Et qu'enfin il fallait aux enfants. — loin des mères, —
Le joug, le dur travail et les larmes amères.
Là-dessus, le collége, aimable et triomphant,
Avec un doux sourire offrait au jeune enfant,
Ivre de liberté, d'air, de joie et de roses,
Ses bancs de chêne noirs, ses longs dortoirs moroses,
Ses salles qu'on verrouille et qu'à tous leurs piliers
Sculpte avec un vieux clou l'ennui des écoliers,
Ses magisters qui font, parmi les paperasses,
Manger l'heure du jeu par les pensums voraces,
Et sans eau, sans gazon, sans arbres, sans fruits mûrs,
Sa grande cour pavée entre quatre grands murs.

L'homme congédié, de ses discours frappée,
Ma mère demeura triste et préoccupée.
Que faire? que vouloir? qui donc avait raison :
Ou le morne collége, ou l'heureuse maison?
Qui sait mieux de la vie accomplir l'œuvre austère :
L'écolier turbulent, ou l'enfant solitaire?
Problèmes! questions! elle hésitait beaucoup.
L'affaire était bien grave. Humble femme après tout,
Ame par le destin, non par les livres faite,
De quel front repousser ce tragique prophète,
Au ton si magistral, aux gestes si certains,
Qui lui parlait au nom des Grecs et des Latins?
Le prêtre était savant sans doute; mais, que sais-je?
Apprend-on par le maître ou bien par le collége!
Et puis enfin, — souvent ainsi nous triomphons! —
L'homme le plus vulgaire a de grands mots profonds :
— « Il est indispensable!—il convient!—il importe! »—
Qui troublent quelquefois la femme la plus forte.
Pauvre mère! lequel choisir des deux chemins?
Tout le sort de son fils se pesait dans ses mains.
Tremblante, elle tenait cette lourde balance,
Et croyait bien la voir par moments en silence
Pencher vers le collége, hélas! en opposant
Mon bonheur à venir à mon bonheur présent.

Elle songeait ainsi sans sommeil et sans trêve.

C'était l'été : vers l'heure où la lune se lève,
Par un de ces beaux soirs qui ressemblent au jour,
Avec moins de clarté, mais avec plus d'amour,
Dans son parc, où jouaient le rayon et la brise,
Elle errait, toujours triste et toujours indécise,
Questionnant tout bas l'eau, le ciel, la forêt,
Écoutant au hasard les voix qu'elle entendrait.

Ainsi je grandissais sous ce triple rayon.
(Page 55.)

C'est dans ces moments-là que le jardin paisible,
La broussaille où remue un insecte invisible,
Le scarabée ami des feuilles, le lézard
Courant au clair de lune au fond du vieux puisard,
La faïence à fleur bleue où vit la plante grasse,
Le dôme oriental du sombre Val-de-Grâce,
Le cloître du couvent, brisé, mais doux encor;
Les marronniers, la verte allée aux boutons d'or,
La statue où sans bruit se meut l'ombre des branches,
Les pâles liserons, les pâquerettes blanches,
Les cent fleurs du buisson, de l'arbre, du roseau,
Qui rendent en parfums ses chansons à l'oiseau,
Se mirent dans la mare, ou se cachent dans l'herbe,
Ou qui, de l'ébénier chargeant le front superbe,
Au bord des clairs étangs se mêlant au bouleau,
Tremblent en grappes d'or dans les moires de l'eau
Et le ciel scintillant derrière les ramées,
Et les toits répandant de charmantes fumées,
C'est dans ces moments-là, comme je vous le dis,
Que tout ce beau jardin, radieux paradis,
Tous ces vieux murs croulants, toutes ces jeunes roses,
Tous ces objets pensifs, toutes ces douces choses,
Parlèrent à ma mère avec l'onde et le vent,
Et lui dirent tout bas : — « Laisse-nous cet enfant !

« Laisse-nous cet enfant, pauvre mère troublée !
« Cette prunelle ardente, ingénue, étoilée,
« Cette tête au front pur qu'aucun deuil ne voila,
« Cette âme neuve encor, mère, laisse-nous-la !
« Ne va pas la jeter au hasard dans la foule.
« La foule est un torrent qui brise ce qu'il roule.
« Ainsi que les oiseaux les enfants ont leurs peurs.
« Laisse à notre air limpide, à nos moites vapeurs,
« A nos soupirs, légers comme l'aile d'un songe,
« Cette bouche où jamais n'a passé le mensonge,
« Ce sourire naïf que sa candeur défend !
« O mère au cœur profond, laisse-nous cet enfant !
« Nous ne lui donnerons que de bonnes pensées.
« Nous changerons en jour ses lueurs commencées:
« Dieu deviendra visible à ses yeux enchantés,
« Car nous sommes les fleurs, les rameaux, les clartés,
« Nous sommes la nature et la source éternelle
« Où toute soif s'épanche, où se lave toute aile;

Paris. Jules Bonaventure, imprimeur.

Quand sur ton atelier, maître, un rayon demeure...
(Page 59.)

« Et les bois et les champs du sage seul compris,
« Font l'éducation de tous les grands esprits!
« Laisse croître l'enfant parmi nos bruits sublimes.
« Nous le pénétrerons de ces parfums intimes
« Nés du souffle céleste épars dans tout beau lieu,
« Qui font sortir de l'homme et monter jusqu'à Dieu,
« Comme le chant d'un luth, comme l'encens d'un vase,
« L'espérance, l'amour, la prière et l'extase!
« Nous pencherons ses yeux vers l'ombre d'ici-bas,
« Vers le secret de tout entr'ouvert sous ses pas.
« D'enfant nous le ferons homme, et d'homme poëte.
« Pour former de ses sens la corolle inquiète,
« C'est nous qu'il faut choisir; et nous lui montrerons
« Comment, de l'aube au soir, du chêne aux moucherons,
« Emplissant tout, reflets, couleurs, brumes, haleines,
« La vie aux mille aspects rit dans les vertes plaines.
« Nous te le rendrons simple et des cieux ébloui;
« Et nous ferons germer de toutes parts en lui
« Pour l'homme, triste effet perdu sous tant de causes,
« Cette pitié qui naît du spectacle des choses!
« Laisse-nous cet enfant! nous lui ferons un cœur
« Qui comprendra la femme; un esprit non moqueur,
« Où naîtront aisément le songe et la chimère,
« Qui prendra Dieu pour livre et les champs pour grammaire;
« Une âme, pur foyer de secrètes faveurs,
« Qui luira doucement sur tous les fronts rêveurs,
« Et, comme le soleil dans les fleurs fécondées,
« Jettera des rayons sur toutes les idées! »

Ainsi parlaient, à l'heure ou la ville se tait,
L'astre, la plante et l'arbre, — et ma mère écoutait.

Enfants! ont-ils tenu leur promesse sacrée?
Je ne sais. Mais je sais que ma mère adorée
Les crut, et, m'épargnant d'ennuyeuses prisons,
Confia ma jeune âme à leurs douces leçons.

Dès lors, en attendant la nuit, heure où l'étude
Rappelait ma pensée à sa grave attitude,
Tout le jour, libre, heureux, seul sous le firmament,
Je pus errer à l'aise en ce jardin charmant,

Contemplant les fruits d'or, l'eau rapide ou stagnante,
L'étoile épanouie et la fleur rayonnante,
Et les prés et les bois, que mon esprit le soir
Revoyait dans Virgile ainsi qu'en un miroir.

Enfants! aimez les champs, les vallons, les fontaines,
Les chemins que le soir emplit de voix lointaines,
Et l'onde et le sillon, flanc jamais assoupi,
Où germe la pensée à côté de l'épi.
Prenez-vous par la main et marchez dans les herbes;
Regardez ceux qui vont liant les blondes gerbes;
Epelez dans le ciel plein de lettres de feu,
Et, quand un oiseau chante, écoutez parler Dieu.
La vie avec le choc des passions contraires
Vous attend; soyez bons, soyez vrais, soyez frères;
Unis contre le monde où l'esprit se corrompt,
Lisez au même livre en vous touchant du front;
Et n'oubliez jamais que l'âme humble et choisie,
Faite pour la lumière et pour la poésie,
Que les cœurs où Dieu met des échos sérieux
Pour tous les bruits qu'anime un sens mystérieux,
Dans un cri, dans un son, dans un vague murmure,
Entendent les conseils de toute la nature!

Mai 1839.

XX

AU STATUAIRE DAVID

I

David! comme un grand roi qui partage à des princes
Les États paternels provinces par provinces,
Dieu donne à chaque artiste un empire divers
Au poëte le souffle épars dans l'univers,
La vie et la pensée, et les foudres tonnantes,
Et le splendide essaim des strophes frissonnantes
Volant de l'homme à l'ange et du monstre à la fleur,
La forme au statuaire; au peintre la couleur;
Au doux musicien, rêveur limpide et sombre,
Le monde obscur des sons qui murmure dans l'ombre.

La forme au statuaire! — Oui, mais, tu le sais bien,
La forme, ô grand sculpteur, c'est tout et ce n'est rien.
Ce n'est rien sans l'esprit, c'est tout avec l'idée!
Il faut que, sous le ciel, de soleil inondée,
Debout sous les flambeaux d'un grand temple doré,
Ou seule avec la nuit dans un antre sacré,
Au fond des bois dormants comme au seuil d'un théâtre,
La figure de pierre, ou de cuivre, ou d'albâtre,
Porte divinement sur son front calme et fier
La beauté, ce rayon, la gloire, cet éclair!
Il faut qu'un souffle ardent lui gonfle la narine,
Que la force puissante emplisse sa poitrine,
Que la grâce en riant ait arrondi ses doigts,
Que sa bouche muette ait pourtant une voix!
Il faut qu'elle soit grave et pour les mains glacée,
Mais pour les yeux vivante, et, devant la pensée,
Devant le pur regard de l'âme et du ciel bleu,
Nue avec majesté, comme Adam devant Dieu!
Il faut que, Vénus chaste, elle sorte de l'onde,
Semant au loin la vie et l'amour sur le monde,
Et faisant autour d'elle, en son superbe essor,
Partout où s'éparpille et tombe en gouttes d'or
L'eau de ses longs cheveux, humide et sacré voile,
De toute herbe une fleur, de tout œil une étoile!
Il faut, si l'art chrétien anime le sculpteur,
Qu'avec le même charme elle ait plus de hauteur;
Qu'Ame ailée elle rie et de Satan se joue;
Que, Martyre, elle chante à côté de la roue;
Ou que, Vierge divine, astre du gouffre amer,
Son regard soit si doux qu'il apaise la mer!

II

Voilà ce que tu sais, ô noble statuaire!
Toi qui dans l'art profond, comme en un sanctuaire,
Entras bien jeune encor pour n'en sortir jamais!
Esprit qui, te posant sur les plus purs sommets,
Pour créer ta grande œuvre, où sont tant d'harmonies,
Pris de la flamme au front de tous les fiers génies!
Voilà ce que tu sais, toi qui sens, toi qui vois!
Maître sévère et doux qu'éclairent à la fois,
Comme un double rayon qui jette un jour étrange
Le jeune Raphaël et le vieux Michel-Ange!
Et tu sais bien aussi quel souffle inspirateur
Parfois, comme un vent sombre, emporte le sculpteur,
Ame dans Isaïe et Phidias trempée,
De l'ode étroite et haute à l'immense épopée!

III

Les grands hommes, héros ou penseurs, — demi-dieux!
Tour à tour sur le peuple ont passé radieux,
Les uns armés d'un glaive et les autres d'un livre,
Ceux-ci montrant du doigt la route qu'il faut suivre,
Ceux-là forçant la cause à sortir de l'effet;
L'artiste ayant un rêve et le savant un fait;
L'un a trouvé l'aimant, la presse, la boussole,
L'autre un monde où l'on va, l'autre un vers qui console.
Ce roi, juste et profond, pour l'aider en chemin,
A pris la liberté franchement par la main;
Ces tribuns ont forgé des freins aux républiques;
Ce prêtre, fondateur d'hospices angéliques,
Sous son toit, que réchauffe une haleine de Dieu,
A pris l'enfant sans mère et le vieillard sans feu;
Ce mage, dont l'esprit réfléchit les étoiles,
D'Isis l'un après l'autre a levé tous les voiles;
Ce juge, abolissant l'infâme tombereau,
A raturé le code à l'endroit du bourreau;
Ensemençant, malgré les clameurs insensées,
D'écoles les hameaux et les cœurs de pensées,
Pour nous rendre meilleurs ce vrai sage est venu,
En de graves instants cet autre a contenu,
Sous ses puissantes mains à la foule imposées,
Le peuple, grand faiseur de couronnes brisées;
D'autres ont traversé sur un pont chancelant,
Sur la mine qu'un fort recelait dans son flanc,
Sur la brèche par où s'écroule une muraille,
Un horrible ouragan de flamme et de mitraille;
Dans un siècle de haine, âge impie et moqueur,
Ceux-là, poëtes saints, ont fait entendre en chœur,
Aux sombres nations que la discorde pousse,
Des champs et des forêts la voix auguste et douce,
Car l'hymne universel éteint les passions;
Car c'est surtout aux jours des révolutions,
Morne et brûlant désert où l'homme s'aventure,
Que l'art se désaltère à ta source, ô nature!
Tous ces hommes, cœurs purs, esprits de vérité,
Fronts où se résuma toute l'humanité,
Rêveurs ou rayonnants, sont debout dans l'histoire,
Et tous ont leur martyre auprès de leur victoire.

La vertu, c'est un livre austère et triomphant
Où tout père doit faire épeler son enfant;
Chaque homme illustre, ayant quelque divine empreinte,
De ce grand alphabet est une lettre sainte.
Sous leurs pieds sont groupés leurs symboles sacrés,
Astres, lyres, compas, lions démesurés,
Aigles à l'œil de flamme, aux vastes envergures.
— Le sculpteur ébloui contemple ces figures! —
Il songe à la patrie, aux tombeaux solennels,
Aux cités à remplir d'exemples éternels;
Et voici que déjà, vision magnifique!
Mollement éclairés d'un reflet pacifique,
Grandissant hors du sol de moment en moment,
De vagues bas-reliefs chargés confusément,
Au fond de son esprit, que la pensée encombre,
Les énormes frontons apparaissent dans l'ombre!

IV

N'est-ce pas? c'est ainsi qu'en ton cerveau, sans bruit,
L'édifice s'ébauche et l'œuvre se construit?
C'est là ce qui se passe en ta grande âme émue
Quand tout un panthéon ténébreux s'y remue?
C'est ainsi, n'est-ce pas, ô maître, que s'unit
L'homme à l'architecture et l'idée au granit?
Oh! qu'en ces instants-là ta fonction est haute!
Au seuil de ton fronton tu reçois comme un hôte
Ces hommes plus qu'humains. Sur un bloc de Paros
Tu t'assieds face à face avec tous ces héros.
Et là, devant tes yeux qui jamais ne défaillent,
Ces ombres, qui seront bronze ou marbre, tressaillent.
L'avenir est à toi, ce but de tous leurs vœux,
Et tu peux le donner, ô maître, à qui tu veux!
Toi, répandant sur tous ton équité complète,
Prêtre autant que sculpteur, juge autant que poëte,
Accueillant celui-ci, rejetant celui-là,
Louant Napoléon, gourmandant Attila,
Parfois grandissant l'un par le contact de l'autre,
Dérangeant le guerrier pour mieux placer l'apôtre,
Tu fais des dieux! — tu dis, abaissant ta hauteur,
Au pauvre vieux soldat, à l'humble vieux pasteur :
— Entrez! je vous connais. Vos couronnes sont prêtes.
Et tu dis à des rois : — Je ne sais qui vous êtes.

V

Car il ne suffit point d'avoir été des rois,
D'avoir porté le sceptre, et le globe, et la croix,
Pour que le fier poëte et l'altier statuaire
Etoilent dans sa nuit votre drap mortuaire,
Et des hauts panthéons vous ouvrent les chemins.

C'est vous-mêmes, ô rois, qui de vos propres mains
Bâtissez sur vos noms ou la gloire ou la honte!
Ce que nous avons fait tôt ou tard nous raconte.
On peut vaincre le monde, avoir un peuple, agir
Sur un siècle, guérir sa plaie ou l'élargir,
Lorsque vos missions seront enfin remplies,
Des choses qu'ici-bas vous aurez accomplies
Une voix sortira, voix de haine ou d'amour,
Sombre comme le bruit du verrou dans la tour,
Ou douce comme un chant dans le nid des colombes,
Qui fera remuer la pierre de vos tombes.
Cette voix, l'avenir, grave et fatal témoin,
Est d'avance penché, qui l'écoute de loin!
Et là, point de caresse et point de flatterie,
Point de bouche à mentir façonnée et nourrie,
Pas d'hosanna payé, pas d'écho complaisant
Changeant la plainte amère en cri reconnaissant.
Non, les vices hideux, les trahisons, les crimes,
Comme les dévoûments et les vertus sublimes
Portent un témoignage intègre et souverain.
Les actions qu'on fait ont des lèvres d'airain

VI

Que sur ton atelier, maître, un rayon demeure!
Là, le silence, l'art, l'étude oubliant l'heure,
Dans l'ombre les essais que tu répudias,
D'un côté Jean Goujon, de l'autre Phidias,
Des pierres, de pensée à demi revêtues,
Un tumulte muet d'immobiles statues,
Les bustes méditant dans les coins assombris,
Je ne sais quelle paix qui tombe des lambris,
Tout est grand, tout est beau, tout charme et tout domine.
Toi qu'à l'intérieur l'art divin illumine,
Tu regardes passer, grave et sans dire un mot,
Dans ton âme tranquille où le jour vient d'en haut,
Tous les nobles aspects de la figure humaine.
Comme dans une église à pas lents se promène
Un grand peuple pensif auquel un Dieu sourit,
Ces fantômes sereins marchent dans ton esprit.
Ils errent à travers tes rêves poétiques
Faits d'ombre et de lueur et de vagues portiques,
Parfois palais vermeil, parfois tombeau dormant,
Secrète architecture, immense entassement
Qui, jetant des rumeurs joyeuses ou plaintives,
De ta grande pensée emplit les perspectives.
Car l'antique Babel n'est pas morte, et revit
Sous le front des songeurs. Dans ta tête, ô David!
La spirale se tord, le pilier se projette;
Et dans l'obscurité de ton cerveau végète
La profonde forêt qu'on ne voit point ailleurs,
Des chapiteaux touffus, pleins d'oiseaux et de fleurs!

VII

Maintenant, toi qui vas hors des routes tracées,
O pétrisseur de bronze, ô mouleur de pensées,
Considère combien les hommes sont petits,
Et maintiens-toi superbe au-dessus des partis!
Garde la dignité de ton ciseau sublime.
Ne laisse pas toucher ton marbre par la lime
Des sombres passions qui rongent tant d'esprits.
Michel-Ange avait Rome et David a Paris.
Donne donc à ta ville, ami, ce grand exemple,
Que, si les marchands vils n'entrent pas dans le temple,
Les fureurs des tribuns et leur songe abhorré
N'entrent pas dans le cœur de l'artiste sacré.
Refuse aux cours ton art, donne aux peuples tes veilles,
C'est bien, ô mon sculpteur! mais loin de tes oreilles
Chasse ceux qui s'en vont flattant les carrefours.
Toi, dans ton atelier tu dois rêver toujours,
Et, de tout vice humain écrasant la couleuvre,
Toi-même par degrés t'éblouir de ton œuvre!
Ce que ces hommes-là font dans l'ombre ou défont
Ne vaut pas ton regard levé vers le plafond,
Cherchant la beauté pure et le grand et le juste.
Leur mission est basse et la tienne est auguste.
Et qui donc oserait mêler un seul moment
Aux mêmes visions, au même aveuglement,
Aux mêmes vœux haineux, insensés ou féroces,
Eux, esclaves des nains : toi, père des colosses!

Avril 1840.

XXI

A UN POÈTE

Ami, cache ta vie et répands ton esprit.

Un tertre, où le gazon diversement fleurit;
Des ravins où l'on voit grimper les chèvres blanches;
Un vallon, abrité sous un réseau de branches
Pleines de nids d'oiseaux, de murmures, de voix,
Qu'un vent joyeux remue, et d'où tombe parfois,
Comme un sequin jeté par une main distraite,
Un rayon de soleil dans ton âme secrète;
Quelques rocs, par Dieu même arrangés savamment
Pour faire des échos au fond du bois charmant;
Voilà ce qu'il te faut pour séjour, pour demeure!
C'est là — que ta maison chante, aime, rie ou pleure —
Qu'il faut vivre, enfouir ton toit, borner tes jours,
Envoyant un soupir à peine aux antres sourds,
Mirant dans ta pensée intérieure et sombre
La vie obscure et douce et les heures sans nombre,
Bon d'ailleurs, et tournant, sans trouble ni remords,
Ton cœur vers les enfants, ton âme vers les morts!
Et puis, en même temps, au hasard, par le monde,
Suivant sa fantaisie auguste et vagabonde,
Loin de toi, par-delà ton horizon vermeil,
Laisse ta poésie aller en plein soleil!
Dans les rauques cités, dans les champs taciturnes,
Effleurée en passant des lèvres et des urnes,
Laisse-la s'épancher, cristal jamais terni,
Et fuir, roulant toujours vers Dieu, gouffre infini,
Calme et pure à travers les âmes fécondées,
Un immense courant de rêves et d'idées
Qui recueille en passant, dans son flot solennel,
Toute eau qui sort de terre ou qui descend du ciel!
Toi, sois heureux dans l'ombre. En ta vie ignorée,
Dans ta tranquillité vénérable et sacrée,
Reste réfugié, penseur mystérieux!
Et que le voyageur malade et sérieux
Puisse, si le hasard l'amène en ta retraite,
Puiser en toi la paix, l'espérance discrète,
L'oubli de la fatigue et l'oubli du danger,
Et boire à ton esprit limpide, sans songer
Que, là-bas, tout un peuple aux mêmes eaux s'abreuve.

Sois petit comme source, et sois grand comme fleuve!

Avril 1839.

XXII

GUITARE

Gastibelza, l'homme à la carabine,
 Chantait ainsi:
« Quelqu'un a-t-il connu doña Sabine,
 Quelqu'un d'ici?
Dansez, chantez, villageois! la nuit gagne
 Le mont Falù (1).
— Le vent qui vient à travers la montagne
 Me rendra fou.

« Quelqu'un de vous a-t-il connu Sabine,
 Ma señora?
Sa mère était la vieille Maugrabine
 D'Antequera,
Qui chaque nuit criait dans la Tour-Magne
 Comme un hibou... —
Le vent qui vient à travers la montagne
 Me rendra fou.

« Dansez, chantez! Des biens que l'heure envoie
 Il faut user.
Elle était jeune, et son œil plein de joie
 Faisait penser. —
A ce vieillard qu'un enfant accompagne
 Jetez un sou!... —
Le vent qui vient à travers la montagne
 Me rendra fou.

« Vraiment la reine eût près d'elle été laide
 Quand, vers le soir,
Elle passait sur le pont de Tolède
 En corset noir.
Un chapelet du temps de Charlemagne
 Ornait son cou... —
Le vent qui vient à travers la montagne
 Me rendra fou.

« Le roi disait en la voyant si belle,
 A son neveu:
« — Pour un baiser, pour un sourire d'elle,
 « Pour un cheveu,
« Infant don Ruy, je donnerais l'Espagne
 « Et le Pérou! » —
Le vent qui vient à travers la montagne
 Me rendra fou.

« Je ne sais pas si j'aimais cette dame,
 Mais je sais bien
Que, pour avoir un regard de son âme,
 Moi, pauvre chien,
J'aurais gaîment passé dix ans au bagne
 Sous le verrou... —
Le vent qui vient à travers la montagne
 Me rendra fou.

« Un jour d'été que tout était lumière,
 Vie et douceur,

(1) Le *mont Falù*. Prononcez *mont Falou*.

Elle s'en vint jouer dans la rivière
Avec sa sœur,
Je vis le pied de sa jeune compagne
Et son genou... —
Le vent qui vient à travers la montagne
Me rendra fou.

« Quand je voyais cette enfant, moi, le pâtre
De ce canton,
Je croyais voir la belle Cléopâtre,
Qui, nous dit-on,
Menait César, empereur d'Allemagne,
Par le licou... —
Le vent qui vient à travers la montagne
Me rendra fou.

« Dansez, chantez, villageois, la nuit tombe!
Sabine un jour
A tout vendu, sa beauté de colombe
Et son amour,
Pour l'anneau d'or du comte de Saldagne,
Pour un bijou... —
Le vent qui vient à travers la montagne
Me rendra fou.

« Sur ce vieux banc souffrez que je m'appuie,
Car je suis las
Avec ce comte elle s'est donc enfuie!
Enfuie, hélas!
Par le chemin qui va vers la Cerdagne,
Je ne sais où...
Le vent qui vient à travers la montagne
Me rendra fou.

« Je la voyais passer de ma demeure,
Et c'était tout.
Mais à présent je m'ennuie à toute heure,
Plein de dégoût,
Rêveur oisif, l'âme dans la campagne,
La dague au clou... —
Le vent qui vient à travers la montagne
M'a rendu fou! »

Mars 1837.

XXIII

AUTRE GUITARE

Comment, disaient-ils,
Avec nos nacelles,
Fuir les alguazils?
— Ramez, disaient-elles.

Comment, disaient-ils,
Oublier querelles,
Misère et périls?
— Dormez, disaient-elles.

Comment, disaient-ils,
Enchanter les belles
Sans philtres subtils?
— Aimez, disaient-elles.

Juillet 1838.

XXIV

Quand tu me parles de gloire,
Je souris amèrement.
Cette voix que tu veux croire,
Moi, je sais bien qu'elle ment.

La gloire est vite abattue;
L'envie au sanglant flambeau
N'épargne cette statue
Qu'assise au seuil d'un tombeau.

La prospérité s'envole,
Le pouvoir tombe et s'enfuit.
Un peu d'amour qui console
Vaut mieux et fait moins de bruit.

Je ne veux pas d'autres choses
Que ton sourire et ta voix,
De l'air, de l'ombre et des roses,
Et des rayons dans les bois!

Je ne veux, moi qui me voile
Dans la joie ou la douleur,
Que ton regard, mon étoile,
Que ton haleine, ô ma fleur!

Sous ta paupière vermeille
Qu'inonde un céleste jour,
Tout un univers sommeille;
Je n'y cherche que l'amour!

Ma pensée, urne profonde,
Vase à la douce liqueur,
Qui pourrait emplir le monde,
Ne veut emplir que ton cœur;

Chante! en moi l'extase coule.
Ris-moi! c'est mon seul besoin.
Que m'importe cette foule
Qui fait sa rumeur au loin!

Dans l'ivresse où tu me plonges,
En vain pour briser nos nœuds,
Je vois passer dans mes songes
Les poëtes lumineux.

Je veux, quoi qu'ils me conseillent,
Préférer jusqu'à la mort,
Aux fanfares qui m'éveillent
Ta chanson qui me rendort!

Je veux, dût mon nom suprême
Au front des cieux s'allumer,
Qu'une moitié de moi-même
Reste ici-bas pour t'aimer!

Laisse-moi t'aimer dans l'ombre,
Triste, ou du moins sérieux.
La tristesse est un lieu sombre
Où l'amour rayonne mieux.

Ange aux yeux pleins d'étincelles,
Femme aux jours de pleurs noyés,
Prends mon âme sur tes ailes,
Laisse mon cœur à tes pieds!

Octobre 1837.

XXV

EN PASSANT

DANS LA PLACE LOUIS XV

UN JOUR DE FÊTE PUBLIQUE.

— Allons! dit-elle, encor, pourquoi ce front courbé?
Songeur, dans votre puits vous voilà retombé!
A quoi bon pour rêver venir dans une fête? —
Moi je lui dis, tandis qu'elle inclinait la tête,
Et que son bras charmant à mon bras s'appuyait :
— « Oui, c'est dans cette place où notre âge inquiet
Mit une pierre afin de cacher une idée,
C'est bien ici qu'un jour, de soleil inondée,
La grande nation dans la grande cité
Vint voir passer en pompe une douce beauté!
Ange à qui l'on rêvait des ailes repliées!
Vierge la veille encor, des jeunes mariées
Ayant l'étonnement et la fraîche pâleur,
Qui, reine et femme, étoile en même temps que fleur,
Unissait, pour charmer cette foule attendrie,
Le doux nom d'Antoinette au beau nom de Marie!

Son prince la suivait, ils souriaient entre eux,
Et tous en la voyant disaient : Qu'il est heureux! » —

Et je me tus alors, car mon cœur était sombre;
La laissant contempler la fête aux bruits sans nombre,
Le fleuve où se croisaient cent bateaux pavoisés,
Le peuple, les vieillards à l'ombre reposés,
Les écoliers jouant par bandes séparées,
Et le soleil tranquille, et, de joie enivrées,
Les bouches qui, couvrant l'orchestre aux vagues sons
Jetaient une vapeur de confuses chansons.

Moi, vers ce qui se meut dans une ombre éternelle,
Je m'étais retourné. L'âme est une prunelle.

— Oh! pensais-je, pouvoir étrange et surhumain
De celui qui nous tient palpitants dans sa main!
O volonté du ciel! abîme où l'œil se noie!
Gouffre où depuis Adam le genre humain tournoie!
Comme vous nous prenez et vous nous rejetez!
Comme vous vous jouez de nos prospérités!
Sur votre sable, ô Dieu, notre granit se fonde!
Oh! que l'homme est plongé dans une nuit profonde!
Comme tout ce qu'il fait, hélas! en s'achevant
Sur lui croule! et combien il arrive souvent
Qu'à l'heure où nous rêvons un avenir suprême
Le sort de nous se rit, et que sous nos pas même,
Dans cette terre où rien ne nous semble creusé,
Quelque chose d'horrible est déjà déposé!
Louis Seize, le jour de sa noce royale,
Avait déjà le pied sur la place fatale
Où, formé lentement au souffle du Très-Haut,
Comme un grain dans le sol, germait son échafaud!

Avril 1839.

XXVI

MILLE CHEMINS, UN SEUL BUT

Le chasseur songe dans les bois
A des beautés sur l'herbe assises,
Et dans l'ombre il croit voir parfois
Danser des formes indécises.

Le soldat pense à ses destins
Tout en veillant sur les empires,
Et dans ses souvenirs lointains
Entrevoit de vagues sourires.

Le pâtre attend sous le ciel bleu
L'heure où son étoile paisible
Va s'épanouir, fleur de feu,
Au bout d'une tige invisible.

Regarde-les. Regarde encor
Comme la vierge, fille d'Eve,
Jette en courant dans les blés d'or
Sa chanson qui contient son rêve!

Vois errer dans les champs en fleur,
Dos courbés, paupières baissées,
Le poëte, cet oiseleur
Qui cherche à prendre des pensées.

Vois sur la mer les matelots
Implorant la terre embaumée,
Lassés de l'écume des flots,
Et demandant une fumée!

Se rappelant, quand le flot noir
Bat les flancs plaintifs du navire,
Les hameaux si joyeux le soir,
Les arbres pleins d'éclats de rire!

Vois le prêtre priant pour tous,
Front pur qui sous nos fautes penche,
Songer dans le temple, à genoux
Sur les plis de sa robe blanche.

Vois s'élever sur les hauteurs
Tous ces grands penseurs que tu nommes,
Sombres esprits dominateurs,
Chênes dans la forêt des hommes.

Vois, couvant des yeux son trésor,
La mère contempler, ravie,
Son enfant, cœur sans ombre encor,
Vase que remplira la vie!

Tous, dans la joie ou dans l'affront,
Portent, sans nuage et sans tache,
Un mot qui rayonne à leur front,
Dans leur âme un mot qui se cache.

Selon les desseins du Seigneur,
Le mot qu'on voit pour tous varie;
— L'un a : Gloire! l'autre a : Bonheur!
L'un dit : Vertu! l'autre : Patrie!

Le mot caché ne change pas.
Dans tous les cœurs toujours le même,
Il y chante ou gémit tout bas;
Et ce mot, c'est le mot suprême!

C'est le mot qui peut assoupir
L'ennui du front le plus morose!
C'est le mystérieux soupir
Qu'à toute heure fait toute chose!

C'est le mot d'où les autres mots
Sortent comme d'un tronc austère,
Et qui remplit de ses rameaux
Tous les langages de la terre!

C'est le verbe, obscur ou vermeil,
Qui luit dans le reflet des fleuves,
Dans le phare, dans le soleil,
Dans la sombre lampe des veuves!

Qui se mêle au bruit des roseaux,
Au tressaillement des colombes,
Qui jase et rit dans les berceaux,
Et qu'on sent vivre au fond des tombes,

Qui fait éclore dans les bois
Les feuilles, les souffles, les ailes,
La clémence au cœur des grands rois,
Le sourire aux lèvres des belles!

C'est le nœud des prés et des eaux!
C'est le charme qui se compose
Du plus tendre cri des oiseaux,
Du plus doux parfum de la rose!

C'est l'hymne que le gouffre amer
Chante en poussant au port les voiles!
C'est le mystère de la mer,
Et c'est le secret des étoiles!

Ce mot, fondement éternel
De la seconde des deux Romes,
C'est Foi dans la langue du ciel,
Amour dans la langue des hommes.

Aimer, c'est avoir dans les mains
Un fil pour toutes les épreuves,
Un flambeau pour tous les chemins,
Une coupe pour tous les fleuves!

Aimer, c'est comprendre les cieux,
C'est mettre, qu'on dorme ou qu'on veille,
Une lumière dans ses yeux,
Une musique en son oreille!

C'est se chauffer à ce qui bout!
C'est pencher son âme embaumée
Sur le côté divin de tout!
Ainsi, ma douce bien-aimée,

Tu mêles ton cœur et tes sens,
Dans la retraite où tu m'accueilles,
Aux dialogues ravissants
Des flots, des astres et des feuilles!

La vitre laisse voir le jour;
Malgré nos brumes et nos doutes,
O mon ange! à travers l'amour
Les vérités paraissent toutes!

L'homme et la femme, couple heureux,
A qui le cœur tient lieu d'apôtre,
Laissent voir le ciel derrière eux,
Et sont transparents l'un pour l'autre.

Ils ont en eux, comme un lac noir
Reflète un astre en son eau pure,
Du Dieu caché qu'on ne peut voir
Une lumineuse figure!

Aimons! prions! Les bois sont verts,
L'été resplendit sur la mousse,
Les germes vivent entr'ouverts,
L'onde s'épanche et l'herbe pousse!

Que la foule, bien loin de nous,
Suive ses routes insensées.
Aimons, et tombons à genoux,
Et laissons aller nos pensées!

L'amour, qu'il vienne tôt ou tard,
Prouve Dieu dans notre âme sombre.
Il faut bien un corps quelque part
Pour que le miroir ait une ombre.

Mai 183..

Oh! quand je dors, viens auprès de ma couche...

XXVII

Oh! quand je dors, viens auprès de ma couche,
Comme à Pétrarque apparaissait Laura,
Et qu'en passant ton haleine me touche... —
Soudain ma bouche
S'entr'ouvrira!

Sur mon front morne où peut-être s'achève
Un songe noir qui trop longtemps dura,
Que ton regard comme un astre se lève.. —
Soudain mon rêve
Rayonnera!

Puis sur ma lèvre où voltige une flamme,
Éclair d'amour que Dieu même épura,
Pose un baiser, et d'ange deviens femme.. —
Soudain mon âme
S'éveillera!

Juin 183..

XXVIII

A UNE JEUNE FEMME

Voyez-vous, un parfum éveille la pensée.
Repliez, belle enfant par l'aube caressée,
Cet éventail ailé, pourpre, or et vermillon,
Qui tremble dans vos mains comme un grand papillon,

Paris. Jules Bonaventure, imprimeur.

Aussi, comme ils ont froid, le matin, en plein vent...
(Page 67.)

Et puis écoutez-moi : — Dieu fait l'odeur des roses
Comme il fait un abîme, avec autant de choses.
Celle-ci, qui se meurt sur votre sein charmant,
N'aurait pas ce parfum qui monte doucement
Comme un encens divin vers votre beauté pure,
Si sa tige, parmi l'eau, l'air et la verdure,
Dans la création prenant sa part de tout,
N'avait profondément plongé par quelque bout,
Pauvre et fragile fleur pour tous les vents béante,
Au sein mystérieux de la terre géante.
Là, par un lent travail que Dieu lui seul connaît,
Fraîcheur du flot qui court, blancheur du jour qui naît,
Souffle de ce qui coule, ou végète, ou se traîne,
L'esprit de ce qui vit dans la nuit souterraine,
Fumée, onde, vapeur, de loin comme de près,
— Non sans faire avec tout des échanges secrets, —
Elle a dérobé tout, son calme à l'antre sombre,
Au diamant sa flamme, à la forêt son ombre,
Et peut-être, qui sait? sur l'aile du matin
Quelque ineffable haleine à l'océan lointain!
Et, vivant alambic que Dieu lui-même forme,
Où filtre et se répand à terre, vase énorme,
Avec les bois, les champs, les nuages, les eaux,
Et l'air tout pénétré des chansons des oiseaux,
La racine, humble, obscure, au travail résignée,
Pour la superbe fleur par le soleil baignée,
A, sans en rien garder, fait ce parfum si doux,
Qui vient si mollement de la nature à vous,
Qui vous charme, et se mêle à votre esprit, madame,
Car l'âme d'une fleur parle au cœur d'une femme.
Encore un mot, et puis je vous laisse rêver.
Pour qu'atteignant au but où tout doit s'élever,
Chaque chose ici-bas prenne un attrait suprême,
Pour que la fleur embaume et pour que la vierge aime,
Pour que, puisant la vie au grand centre commun,
La corolle ait une âme et la femme un parfum,
Sous le soleil qui luit, sous l'amour qui fascine,
Il faut, fleur ou beauté, tenir par la racine,
L'une au monde idéal, l'autre au monde réel,
Les roses à la terre, et les femmes au ciel.

Mars 183..

XXIX

A LOUIS B.

O Louis! je songeais! — Baigné d'ombre sereine,
Le soir tombait; des feux scintillaient dans la plaine,
Les vastes flots berçaient le nid de l'alcyon;
J'écoutais vers le ciel, où toute aube commence,
Monter confusément une louange immense
Des deux extrémités de la création.

Ce que Dieu fit petit chantait dans son délire
Tout ce que Dieu fait grand, et je voyais sourire
Le colosse à l'atome et l'étoile au flambeau;
La nature semblait n'avoir qu'une âme aimante.
La montagne disait : Que la fleur est charmante!
Le moucheron disait : Que l'Océan est beau!

Août 1839.

XXX

A cette terre où l'on ploie
Sa tente au déclin du jour,
Ne demande pas la joie;
Contente-toi de l'amour!

Excepté lui, tout s'efface.
La vie est un sombre lieu
Où chaque chose qui passe
Ebauche l'homme pour Dieu.

L'homme est l'arbre à qui la séve
Manque avant qu'il soit en fleur.
Son sort jamais ne s'achève
Que du côté du malheur.

Tous cherchent la joie ensemble,
L'espoir rit à tout venant;
Chacun tend sa main qui tremble
Vers quelque objet rayonnant.

Mais vers toute âme, humble ou fière,
Le malheur monte à pas lourds,
Comme un spectre aux pieds de pierre;
Le reste flotte toujours!

Tout nous manque, hormis la peine!
Le bonheur, pour l'homme en pleurs,
N'est qu'une figure vaine
De choses qui sont ailleurs.

L'espoir, c'est l'aube incertaine;
Sur notre but sérieux
C'est la dorure lointaine
D'un rayon mystérieux.

C'est le reflet, brume ou flamme,
Que dans leur calme éternel
Versent d'en haut sur notre âme
Les félicités du ciel.

Ce sont les visions blanches
Qui, jusqu'à nos yeux maudits,
Viennent à travers les branches
Des arbres du paradis!

C'est l'ombre que sur nos grèves
Jettent ces arbres charmants
Dont l'âme entend dans ses rêves
Les vagues frissonnements!

Ce reflet des biens sans nombre,
Nous l'appelons le bonheur;
Et nous voulons saisir l'ombre,
Quand la chose est au Seigneur!

Va, si haut nul ne s'élève;
Sur terre il faut demeurer;
On sourit de ce qu'on rêve,
Mais ce qu'on a fait pleurer.

Puisqu'un Dieu saigne au Calvaire,
Ne nous plaignons pas, crois-moi.
Souffrons! c'est la loi sévère.
Aimons! c'est la douce loi.

Aimons! soyons deux! Le sage
N'est pas seul dans son vaisseau.
Les deux yeux font le visage;
Les deux ailes font l'oiseau.

Soyons deux! — Tout nous convie
A nous aimer jusqu'au soir.
N'ayons à deux qu'une vie!
N'ayons à deux qu'un espoir!

Dans ce monde de mensonges,
Moi, j'aimerai mes douleurs,
Si mes rêves sont tes songes,
Si mes larmes sont tes pleurs!

Mai 183..

XXXI

RENCONTRE

Après avoir donné son aumône au plus jeune,
Pensif, il s'arrêta pour les voir. — Un long jeûne
Avait maigri leur joue, avait flétri leur front.
Ils s'étaient tous les quatre à terre assis en rond,
Puis, s'étant partagé, comme feraient des anges,
Un morceau de pain noir ramassé dans nos fanges,
Ils mangeaient, mais d'un air si morne et si navré,
Qu'en les voyant ainsi toute femme eût pleuré.
C'est qu'ils étaient perdus sur la terre où nous sommes,

Et tout seuls, quatre enfants, dans la foule des hommes !
— Oui, sans père ni mère ! — et pas même un grenier;
Pas d'abri; tous pieds nus, excepté le dernier,
Qui traînait, pauvre amour, sous son pied qui chancelle,
De vieux souliers trop grands noués d'une ficelle.
Dans des fossés, la nuit, ils dorment bien souvent.
Aussi, comme ils ont froid, le matin, en plein vent,
Quand l'arbre, frissonnant au cri de l'alouette,
Dresse sur un ciel clair sa noire silhouette!
Leurs mains rouges étaient roses quand Dieu les fit.
Le dimanche, au hameau cherchant un vil profit,
Ils errent. Le petit, sous sa pâleur malsaine,
Chante, sans la comprendre, une chanson obscène,
Pour faire rire — hélas ! lui qui pleure en secret ! —
Quelque immonde vieillard au seuil d'un cabaret;
Si bien que, quelquefois, du bouge qui s'égaie
Il tombe à leur faim sombre une abjecte monnaie,
Aumône de l'enfer que jette le péché,
Sou hideux sur lequel le démon a craché !
Pour l'instant, ils mangeaient derrière une broussaille,
Cachés, et plus tremblants que le faon qui tressaille,
Car souvent on les bat, on les chasse toujours!
C'est ainsi qu'innocents condamnés, tous les jours
Ils passent affamés, sous mes murs, sous les vôtres,
Et qu'ils vont au hasard, l'aîné menant les autres.
Alors, lui qui rêvait, il regarda là-haut;
Et son œil ne vit rien que l'éther calme et chaud,
Le soleil bienveillant, l'air plein d'ailes dorées,
Et la sérénité des voûtes azurées,
Et le bonheur, les cris, les rires triomphants
Qui des oiseaux du ciel tombaient sur ces enfants.

Juin 1839.

XXXII

Quand vous vous assemblez, bruyante multitude,
Pour aller le traquer jusqu'en sa solitude,
Vous excitant l'un l'autre, acharnés, furieux,
— Ne le sentez-vous pas ? — le peuple sérieux,
Qui rêvait à vos cris un dragon dans son antre,
Avec la flamme aux yeux, avec l'écaille au ventre,
S'étonne de ne voir d'autre objet à vos coups
Que cet homme pensif, mystérieux et doux.

Avril 1839.

XXXIII

L'OMBRE

Il lui disait : — Vos chants sont tristes. Qu'avez-vous?
Ange inquiet, quels pleurs mouillent vos yeux si doux ?
Pourquoi, pauvre âme tendre, inclinée et fidèle,
Comme un jonc que le vent a ployé d'un coup d'aile,
Pencher votre beau front assombri par instants ?
Il faut vous réjouir, car voici le printemps,
Avril, saison dorée, où, parmi les zéphires,
Les parfums, les chansons, les baisers, les sourires,
Et les charmants propos qu'on dit à demi-voix,
L'amour revient aux cœurs comme la feuille au bois !

Elle lui répondit de sa voix grave et douce.
— Ami, vous êtes fort. Sûr du Dieu qui vous pousse,
L'œil fixé sur un but, vous marchez droit et fier,
Sans la peur de demain, sans le souci d'hier,
Et rien ne peut troubler, pour votre âme ravie,
La belle vision qui vous cache la vie.
Mais moi, je pleure! — Morne, attachée à vos pas,
Atteinte à tous ces coups que vous ne sentez pas,
Cœur fait, moins l'espérance, à l'image du vôtre,
Je souffre dans ce monde et vous chantez dans l'autre.
Tout m'attriste, avenir que je vois à faux jour,
Aigreur de la raison qui querelle l'amour,
Et l'âcre jalousie alors qu'une autre femme
Veut tirer de vos yeux un regard de votre âme,
Et le sort qui nous frappe et qui n'est jamais las.
Plus le soleil reluit, plus je suis sombre, hélas!
Vous allez, moi je suis; vous marchez, moi je tremble;
Et tandis que, formant mille projets ensemble,
Vous semblez ignorer, passant robuste et doux,
Tous les angles que fait le monde autour de nous,
Je me traîne après vous, pauvre femme blessée.
D'un corps resté debout l'ombre est parfois brisée.

Avril 183..

XXXIV

TRISTESSE D'OLYMPIO

Les champs n'étaient point noirs, les cieux n'étaient pas mornes;
Non, le jour rayonnait dans un azur sans bornes
Sur la terre étendu,
L'air était plein d'encens et les prés de verdures
Quand il revit ces lieux où par tant de blessures
Son cœur s'est répandu!

L'automne souriait; les coteaux vers la plaine
Penchaient leurs bois charmants qui jaunissaient à peine,
Le ciel était doré;
Et les oiseaux, tournés vers celui que tout nomme,
Disant peut-être à Dieu quelque chose de l'homme,
Chantaient leur chant sacré!

Il voulut tout revoir, l'étang près de la source,
La masure où l'aumône avait vidé leur bourse,
Le vieux frêne plié,
Les retraites d'amour au fond des bois perdues,
L'arbre où dans les baisers leurs âmes confondues
Avaient tout oublié!

Il chercha le jardin, la maison isolée,
La grille d'où l'œil plonge en une oblique allée
Les vergers en talus.
Pâle, il marchait. — Au bruit de son pas grave et sombre
Il voyait à chaque arbre, hélas! se dresser l'ombre
Des jours qui ne sont plus!

Il entendait frémir dans la forêt qu'il aime
Ce doux vent qui, faisant tout vibrer en nous-même,
Y réveille l'amour,
Et, remuant le chêne ou balançant la rose,
Semble l'âme de tout qui va sur chaque chose
Se poser tour à tour!

Les feuilles qui gisaient dans le bois solitaire,
S'efforçant sous ses pas de s'élever de terre,
Couraient dans le jardin,
Ainsi, parfois, quand l'âme est triste, nos pensées
S'envolent un moment sur leurs ailes blessées,
Puis retombent soudain.

Il contempla longtemps les formes magnifiques
Que la nature prend dans les champs pacifiques;
Il rêva jusqu'au soir;
Tout le jour il erra le long de la ravine,
Admirant tour à tour le ciel, face divine,
Le lac, divin miroir!

Hélas! se rappelant ses douces aventures.
Regardant, sans entrer, par-dessus les clôtures,
Ainsi qu'un paria,
Il erra tout le jour. Vers l'heure où la nuit tombe,
Il se sentit le cœur triste comme une tombe,
Alors il s'écria :

— « O douleur! j'ai voulu, moi, dont l'âme est troublée,
Savoir si l'urne encor conservait la liqueur,
Et voir ce qu'avait fait cette heureuse vallée
De tout ce que j'avais laissé là de mon cœur!

« Que peu de temps suffit pour changer toutes choses!
Nature au front serein, comme vous oubliez!
Et comme vous brisez dans vos métamorphoses
Les fils mystérieux où nos cœurs sont liés!

« Nos chambres de feuillage en halliers sont changées;
L'arbre où fut notre chiffre est mort ou renversé;
Nos roses dans l'enclos ont été ravagées
Par les petits enfants qui sautent le fossé!

« Un mur clôt la fontaine où, par l'heure échauffée,
Folâtre elle buvait en descendant des bois;
Elle prenait de l'eau dans sa main, douce fée,
Et laissait retomber des perles de ses doigts!

« On a pavé la route âpre et mal aplanie,
Où, dans le sable pur se dessinant si bien,
Et de sa petitesse étalant l'ironie,
Son pied charmant semblait rire à côté du mien!

« La borne du chemin, qui vit des jours sans nombre,
Où jadis pour m'attendre elle aimait à s'asseoir,
S'est usée en heurtant, lorsque la route est sombre,
Les grands chars gémissants qui reviennent le soir.

« La forêt ici manque et là s'est agrandie.
De tout ce qui fut nous presque rien n'est vivant,
Et, comme un tas de cendre éteinte et refroidie,
L'amas des souvenirs se disperse à tout vent!

« N'existons-nous donc plus? Avons-nous eu notre heure?
Rien ne la rendra-t-il à nos cris superflus?
L'air joue avec la branche au moment où je pleure;
Ma maison me regarde et ne me connaît plus.

« D'autres vont maintenant passer où nous passâmes.
Nous y sommes venus, d'autres vont y venir;
Et le songe qu'avaient ébauché nos deux âmes,
Ils le continueront sans pouvoir le finir!

« Car personne ici-bas ne termine et n'achève;
Les pires des humains sont comme les meilleurs,
Nous nous réveillons tous au même endroit du rêve.
Tout commence en ce monde et tout finit ailleurs.

« Oui, d'autres à leur tour viendront, couples sans tache,
Puiser dans cet asile heureux, calme, enchanté,
Tout ce que la nature à l'amour qui se cache
Mêle de rêverie et de solennité!

« D'autres auront nos champs, nos sentiers, nos retraites.
Ton bois, ma bien-aimée, est à des inconnus.
D'autres femmes viendront, baigneuses indiscrètes,
Troubler le flot sacré qu'ont touché tes pieds nus!

« Quoi donc! c'est vainement qu'ici nous nous aimâmes!
Rien ne nous restera de ces coteaux fleuris
Où nous fondions notre être en y mêlant nos flammes!
L'impassible nature a déjà tout repris.

« Oh! dites-moi, ravins, frais ruisseaux, treilles mûres,
Rameaux chargés de nids, grottes, forêts, buissons,
Est-ce que vous ferez pour d'autres vos murmures?
Est-ce que vous direz à d'autres vos chansons?

« Nous vous comprenions tant! doux, attentifs, austères,
Tous nos échos s'ouvraient si bien à votre voix!
Et nous prêtions si bien sans troubler vos mystères,
L'oreille aux mots profonds que vous dites parfois!

« Répondez, vallon pur, répondez, solitude,
O nature abritée en ce désert si beau,
Lorsque nous dormirons tous deux dans l'attitude
Que donne aux morts pensifs la forme du tombeau;

« Est-ce que vous serez à ce point insensible
De nous savoir couchés, morts avec nos amours,
Et de continuer votre fête paisible,
Et de toujours sourire et de chanter toujours?

« Est-ce que nous sentant errer dans vos retraites,
Fantômes reconnus par vos monts et vos bois,
Vous ne nous direz pas de ces choses secrètes
Qu'on dit en revoyant des amis d'autrefois?

« Est-ce que vous pourrez, sans tristesse et sans plainte,
Voir nos ombres flotter où marchèrent nos pas,
Et la voir m'entraîner, dans une morne étreinte,
Vers quelque source en pleurs qui sanglote tout bas?

« Et, s'il est quelque part, dans l'ombre où rien ne veille,
Deux amants sous vos fleurs abritant leurs transports,
Ne leur irez-vous pas murmurer à l'oreille :
— « Vous qui vivez, donnez une pensée aux morts! »

« Dieu nous prête un moment les prés et les fontaines,
Les grands bois frissonnants, les rocs profonds et sourds,
Et les cieux azurés et les lacs et les plaines,
Pour y mettre nos cœurs, nos rêves, nos amours!

« Puis il nous les retire. Il souffle notre flamme.
Il plonge dans la nuit l'antre où nous rayonnons;
Et dit à la vallée, où s'imprima notre âme,
D'effacer notre trace et d'oublier nos noms.

« Eh bien! oubliez-nous, maison, jardin, ombrages!
Herbe, use notre seuil! ronce, cache nos pas!

Chantez, oiseaux! ruisseaux, coulez! croissez, feuillages!
Ceux que vous oubliez ne vous oublíront pas.

« Car vous êtes pour nous l'ombre de l'amour même!
Vous êtes l'oasis qu'on rencontre en chemin!
Vous êtes, ô vallon, la retraite suprême
Où nous avons pleuré nous tenant par la main!

« Toutes les passions s'éloignent avec l'âge,
L'une emportant son masque et l'autre son couteau,
Comme un essaim chantant d'histrions en voyage
Dont le groupe décroit derrière le coteau.

« Mais toi, rien ne t'efface, Amour! toi qui nous charmes,
Toi qui, torche ou flambeau, luis dans notre brouillard!
Tu nous tiens par la joie et surtout par les larmes!
Jeune homme on te maudit, on t'adore vieillard.

« Dans ces jours où la tête au poids des ans s'incline,
Où l'homme, sans projets, sans but, sans visions,
Sent qu'il n'est déjà plus qu'une tombe en ruine
Où gisent ses vertus et ses illusions;

« Quand notre âme en rêvant descend dans nos entrailles,
Comptant dans notre cœur, qu'enfin la glace atteint,
Comme on compte les morts sur un champ de batailles,
Chaque douleur tombée et chaque songe éteint,

« Comme quelqu'un qui cherche, en tenant une lampe,
Loin des objets réels, loin du monde rieur,
Elle arrive à pas lents par une obscure rampe
Jusqu'au fond désolé du gouffre intérieur;

« Et là, dans cette nuit qu'aucun rayon n'étoile,
L'âme, en un repli sombre où tout semble finir,
Sent quelque chose encor palpiter sous un voile... —
C'est toi qui dors dans l'ombre, ô sacré souvenir! »

Octobre 183..

XXXV

QUE LA MUSIQUE

DATE DU SEIZIÈME SIÈCLE

I

O vous, mes vieux amis, si jeunes autrefois,
Qui comme moi des jours avez porté le poids,
Qui de plus d'un regret frappez la tombe sourde,
Et qui marchez courbés, car la sagesse est lourde;
Mes amis! qui de vous, qui de nous n'a souvent,
Quand le deuil à l'œil sec, au visage rêvant,
Cet ami sérieux qui blesse et qu'on révère,
Avait sur notre front posé sa main sévère,
Qui de nous n'a cherché le calme dans un chant!
Qui n'a, comme une sœur qui guérit en touchant,
Laissé la mélodie entrer dans sa pensée!
Et, sans heurter des morts la mémoire bercée,
N'a retrouvé le rire et les pleurs à la fois
Parmi les instruments, les flûtes et les voix?
Qui de nous, quand sur lui quelque douleur s'écoule
Ne s'est glissé, vibrant au souffle de la foule,
Dans le théâtre empli de confuses rumeurs!
Comme un soupir parfois se perd dans des clameurs,
Qui n'a jeté son âme, à ces âmes mêlée,
Dans l'orchestre où frissonne une musique ailée,
Où la marche guerrière expire en chant d'amour,
Où la basse en pleurant apaise le tambour?

II

Ecoutez! écoutez! du maître qui palpite,
Sur tous les violons l'archet se précipite.
L'orchestre tressaillant rit dans son antre noir.
Tout parle. C'est ainsi qu'on entend sans les voir,
Le soir, quand la campagne élève un sourd murmure,
Rire les vendangeurs dans une vigne mûre.
Comme sur la colonne un frêle chapiteau,
La flûte épanouie a monté sur l'alto.
Les gammes, chastes sœurs dans la vapeur cachées,
Vidant et remplissant leurs amphores penchées,
Se tiennent par la main et chantent tour à tour,
Tandis qu'un vent léger fait flotter alentour,
Comme un voile folâtre autour d'un divin groupe,
Ces dentelles du son que le fifre découpe.
Ciel! voilà le clairon qui sonne. A cette voix,
Tout s'éveille en sursaut, tout bondit à la fois.
La caisse aux mille échos, battant ses flancs énormes,
Fait hurler le troupeau des instruments difformes,
Et l'air s'emplit d'accords furieux et sifflants
Que les serpents de cuivre ont tordu dans leurs flancs.
Vaste tumulte où passe un hautbois qui soupire!
Soudain du haut en bas le rideau se déchire;
Plus sombre et plus vivante à l'œil qu'une forêt,
Toute la symphonie en un hymne apparait.
Puis, comme en un chaos qui reprendrait un monde,
Tout se perd dans les plis d'une brume profonde
Chaque forme du chant passe en disant : Assez!
Les sons étincelants s'éteignent dispersés.
Une nuit qui répand ses vapeurs agrandies
Efface le contour des vagues mélodies,
Telles que des esquifs dont l'eau couvre les mâts,
Et la strette, jetant sur leur confus amas
Ses tremblantes lueurs largement étalées,
Retombe dans cette ombre en grappes étoilées!

O concert qui s'envole en flamme à tous les vents!
Gouffre où le crescendo gonfle ses flots mouvants!
Comme l'âme s'émeut! comme les cœurs écoutent!
Et comme cet archet d'où les notes dégouttent,
Tantôt dans la lumière et tantôt dans la nuit,
Remue avec fierté cet orage de bruit!

III

Puissant Palestrina, vieux maître, vieux génie,
Je vous salue ici, père de l'harmonie,
Car, ainsi qu'un grand fleuve où boivent les humains,
Toute cette musique a coulé de vos mains!
Car Gluck et Beethoven, rameaux sous qui l'on rêve,
Sont nés de votre souche et faits de votre sève!
Car Mozart, votre fils, a pris sur vos autels
Cette nouvelle lyre inconnue aux mortels,
Plus tremblante que l'herbe au souffle des aurores,
Née au seizième siècle entre vos doigts sonores!
Car, maître! c'est à vous que tous nos soupirs vont
Sitôt qu'une voix chante et qu'une âme répond!

Oh! ce maître, pareil au créateur qui fonde,
Comment fit-il jaillir de sa tête profonde
Cet univers de sons, doux et sombre à la fois,
Echo du Dieu caché dont le monde est la voix?
Où ce jeune homme, enfant de la blonde Italie,
Prit-il cette âme immense et jusqu'aux bords remplie?
Quel souffle, quel travail, quelle intuition,
Fit de lui ce géant, dieu de l'émotion,
Vers qui se tourne l'œil qui pleure et qui s'essuie,
Sur qui tout un côté du cœur humain s'appuie?
D'où lui vient cette voix qu'on écoute à genoux?
Et qui donc verse en lui ce qu'il reverse en nous?

IV

O mystère profond des enfances sublimes!
Qui fait naître la fleur au penchant des abîmes,
Et le poëte au bord des sombres passions?
Quel dieu lui trouble l'œil d'étranges visions?
Quel dieu lui montre l'astre au milieu des ténèbres,
Et, comme sous un crêpe aux plis noirs et funèbres
On voit d'une beauté le sourire enivrant,
L'idéal à travers le réel transparent?
Qui donc prend par la main un enfant dès l'aurore
Pour lui dire : — « En ton âme il n'est pas jour encore.
Enfant de l'homme! Avant que de son feu vainqueur
Le midi de la vie ait desséché ton cœur,
Viens, je vais t'entr'ouvir des profondeurs sans nombre!
Viens, je vais de clarté remplir tes yeux pleins d'ombre!
Viens! écoute avec moi ce qu'on explique ailleurs,
Le bégaîment confus des sphères et des fleurs;
Car, enfant, astre au ciel ou rose dans la haie,
Toute chose innocente ainsi que toi bégaie!
Tu seras le poëte, un homme qui voit Dieu.
Ne crains pas la science, âpre sentier de feu,
Route austère, il est vrai, mais des grands cœurs choisie,
Que la religion et que la poésie
Bordent des deux côtés de leur buisson fleuri.
Quand tu peux en chemin, ô bel enfant chéri,
Cueillir l'épine blanche et les clochettes bleues,
Ton petit pas se joue avec les grandes lieues.
Ne crains donc pas l'ennui, ni la fatigue. — Viens!
Ecoute la nature aux vagues entretiens.
Entends sous chaque objet sourdre la parabole.
Sous l'être universel vois l'éternel symbole;
Et l'homme et le destin, et l'arbre et la forêt;
Les noirs tombeaux, sillons où germe le regret;
Et, comme à nos douleurs des branches attachées,
Les consolations sur notre front penchées;
Et, pareil à l'esprit du juste radieux,
Le soleil, cette gloire épanouie aux cieux! »

V

Dieu! que Palestrina, dans l'homme et dans les choses,
Dut entendre de voix joyeuses et moroses!
Comme on sent qu'à cet âge où notre cœur sourit,
Où lui déjà pensait, il a dans son esprit
Emporté, comme un fleuve à l'onde fugitive,
Tout ce que lui jetait la nuée ou la rive!
Comme il s'est promené, tout enfant, tout pensif,
Dans les champs, et, dès l'aube, au fond du bois massif,
Et près du précipice, épouvante des mères!
Tour à tour noyé d'ombre, ébloui de chimères,
Comme il ouvrait son âme alors que le printemps
Trempe la berge en fleurs dans l'eau des clairs étangs,
Que le lierre remonte aux branches favorites,
Que l'herbe aux boutons d'or mêle les marguerites!

A cette heure indécise où le jour va mourir,
Où tout s'endort, le cœur oubliant de souffrir,
Les oiseaux de chanter et les troupeaux de paître,
Que de fois sous ses yeux un chariot champêtre,
Groupe vivant de bruit, de chevaux et de voix,
A gravi, sur le flanc du coteau dans les bois,
Quelque route creusée entre les ocres jaunes;
Tandis que, près d'une eau qui fuyait sous les aunes,
Il écoutait gémir dans les brumes du soir
Une cloche enrouée au fond d'un vallon noir!
Que de fois, épiant la rumeur des chaumières,
Le brin d'herbe moqueur qui siffle entre deux pierres,
Le cri plaintif du soc gémissant et traîné,
Le nid qui jase au fond du cloître ruiné
D'où l'ombre se répand sur les tombes des moines,
Le champ doré par l'aube où causent les avoines
Qui pour nous voir passer, ainsi qu'un peuple heureux,
Se penchent en tumulte au bord du chemin creux,
L'abeille qui gaîment chante et parle à la rose,
Parmi tous ces objets dont l'être se compose,
Que de fois il rêva, scrutateur ténébreux,
Cherchant à s'expliquer ce qu'ils disaient entre eux!
Et, chaque soir, après ses longues promenades,
Laissant sous les balcons rire les sérénades,
Quand il s'en revenait content, grave et muet,
Quelque chose de plus dans son cœur remuait.
Mouche, il avait son miel; arbuste, sa rosée.
Il en vint par degrés à ce qu'en sa pensée
Tout vécut. — Saint travail que les poëtes font! —
Dans sa tête, pareille à l'univers profond,
L'air courait, les oiseaux chantaient, la flamme et l'onde
Se courbaient, la moisson dorait la terre blonde,
Et les toits et les monts et l'ombre qui descend
Se mêlaient, et le soir venait, sombre et chassant
La brute vers son antre et l'homme vers son gîte;
Et les hautes forêts, qu'un vent du ciel agite,
Joyeuses de renaître au départ des hivers,
Secouaient follement leurs grands panaches verts!

C'est ainsi qu'esprit, forme, ombre, lumière et flamme,
L'urne du monde entier s'épancha dans son âme!

VI

Ni peintre, ni sculpteur! Il fut musicien.
Il vint, nouvel Orphée, après l'Orphée ancien;
Et, comme l'Océan n'apporte que sa vague,
Il n'apporta que l'art du mystère et du vague!
La lyre qui tout bas pleure en chantant bien haut!
Qui verse à tous un son où chacun trouve un mot!
Le luth où se traduit, plus ineffable encore,
Le rêve inexprimé qui s'efface à l'aurore!
Car il ne voyait rien par l'angle étincelant;
Car son esprit, du monde immense et fourmillant
Qui pour ses yeux nageait dans l'ombre indéfinie,
Éteignait la couleur et tirait l'harmonie!
Aussi toujours son hymne, en descendant des cieux,
Pénètre dans l'esprit par le côté pieux,
Comme un rayon des nuits par un vitrail d'église!
En écoutant ses chants que l'âme idéalise,
Il semble, à ces accords qui, jusqu'au cœur touchant,
Font sourire le juste et songer le méchant,
Qu'on respire un parfum d'encensoirs et de cierges,
Et l'on croit voir passer un de ces anges-vierges
Comme en rêvait Giotto, comme Dante en voyait,
Etres sereins posés sur ce monde inquiet,
A la prunelle bleue, à la robe d'opale,
Qui, tandis qu'au milieu d'un azur déjà pâle
Le point d'or d'une étoile éclate à l'orient,
Dans un beau champ de trèfle errent en souriant!

VII

Heureux ceux qui vivaient dans ce siècle sublime
Où, du génie humain dorant encor la cime,
Le vieux soleil gothique à l'horizon mourait!
Où déjà, dans la nuit emportant son secret,
La cathédrale morte en un sol infidèle
Ne faisait plus jaillir d'églises autour d'elle!
Ere immense obstruée encore à tous degrés,
Ainsi qu'une Babel aux abords encombrés,
De donjons, de beffrois, de flèches élancées,
D'édifices construits pour toutes les pensées;
De génie et de pierre énorme entassement,
Vaste amas d'où le jour s'en allait lentement!
Siècle mystérieux où la science sombre
De l'antique dédale agonisait dans l'ombre,
Tandis qu'à l'autre bout de l'horizon confus,
Entre Tasse et Luther, ces deux chênes touffus,
Sereine, et blanchissant de sa lumière pure,
Ton dôme merveilleux, ô sainte Architecture,
Dans ce ciel, qu'Albert Dure admirait à l'écart,
La Musique montait, cette lune de l'art!

Mai 1837.

XXXVI

LA STATUE

Il semblait grelotter, car la bise était dure.
C'était, sous un amas de rameaux sans verdure,
Une pauvre statue, au dos noir, au pied vert;
Un vieux faune isolé dans le vieux parc désert,
Qui, de son front penché touchant aux branches d'arbre,
Se perdait à mi-corps dans sa gaîne de marbre.
Il était là, pensif, à la terre lié,
Et, comme toute chose immobile, — oublié!

Des arbres l'entouraient, fouettés d'un vent de glace,
Et comme lui vieillis à cette même place;
Des marronniers géants, sans feuilles, sans oiseaux,
Sous leurs taillis brouillés en ténébreux réseaux,
Pâle, il apparaissait, et la terre était brune.
Une âpre nuit d'hiver, sans étoile et sans lune,
Tombait à larges pans dans le brouillard diffus.
D'autres arbres plus loin croisaient leurs sombres fûts;
Plus loin d'autres encore, estompés par l'espace,
Poussaient dans le ciel gris où le vent du soir passe
Mille petits rameaux noirs, tordus et mêlés,
Et se posaient partout, l'un par l'autre voilés,
Sur l'horizon, perdu dans les vapeurs informes,
Comme un grand troupeau roux de hérissons énormes.

Rien de plus. Ce vieux faune, un ciel morne, un bois noir.

Peut-être dans la brume au loin pouvait-on voir
Quelque longue terrasse aux verdâtres assises,
Ou, près d'un grand bassin, des nymphes indécises,
Honteuses à bon droit dans ce parc aboli,
Autrefois des regards, maintenant de l'oubli.

Le vieux faune riait. — Dans leurs ombres douteuses
Laissant le bassin triste et les nymphes honteuses,
Le vieux faune riait, c'est à lui que je vins;
Emu, car sans pitié tous ces sculpteurs divins
Condamnent pour jamais, contents qu'on les admire,
Les nymphes à la honte et les faunes au rire.

Moi, j'ai toujours pitié du pauvre marbre obscur,
De l'homme moins souvent, parce qu'il est plus dur.

Et, sans froisser d'un mot son oreille blessée,
Car le marbre entend bien la voix de la pensée,
Je lui dis : — « Vous étiez du beau siècle amoureux.
Sylvain, qu'avez-vous vu quand vous étiez heureux?
Vous étiez de la cour? Vous assistiez aux fêtes?
C'est pour vous divertir que ces nymphes sont faites.
C'est pour vous, dans ce bois, que de savantes mains
Ont mêlé les dieux grecs et les césars romains.
Et, dans les claires eaux mirant les vases rares,
Tordu tout ce jardin en dédales bizarres.
Quand vous étiez heureux, qu'avez-vous vu, Sylvain?
Contez-moi les secrets de ce passé trop vain,
De ce passé charmant, plein de flammes discrètes,
Où parmi les grands rois croissaient les grands poëtes.
Que de frais souvenirs dont encor vous riez!
Parlez-moi, beau Sylvain, comme vous parleriez
A l'arbre, au vent qui souffle, à l'herbe non foulée.
D'un bout à l'autre bout de cette épaisse allée,
Avez-vous quelquefois, moqueur antique et grec,
Quand près de vous passait avec le beau Lautrec
Marguerite aux doux yeux, la reine béarnaise,
Lancé votre œil oblique à l'Hercule Farnèse?
Seul sous votre antre vert de feuillage mouillé,
O Sylvain complaisant, avez-vous conseillé,
Vous tournant vers chacun du côté qui l'attire,
Racan comme berger, Regnier comme satyre?
Avez-vous vu parfois, sur ce banc, vers midi,
Suer Vincent de Paul à façonner Gondi?
Faune! avez-vous suivi de ce regard étrange
Anne avec Buckingham, Louis avec Fontange,
Et se retournaient-ils, la rougeur sur le front,
En vous entendant rire au coin du bois profond?
Etiez-vous consulté sur le thyrse ou le lierre,
Lorsqu'en un grand ballet de forme singulière
La cour du dieu Phœbus ou la cour du dieu Pan
Du nom d'Amaryllis enivrait Montespan?
Fuyant des courtisans les oreilles de pierre,
La Fontaine vint-il, les pleurs dans la paupière,
De ses nymphes de Vaux vous conter les regrets?
Que vous disait Boileau, que vous disait Segrais,
A vous, faune lettré qui jadis dans l'églogue
Aviez avec Virgile un charmant dialogue,
Et qui faisiez sauter, sur le gazon naissant,
Le lourd spondée au pas du dactyle dansant?
Avez-vous vu jouer les beautés dans les herbes,
Chevreuse aux yeux noyés, Thiange aux airs superbes?
Vous ont-elles parfois de leur groupe vermeil
Entouré follement, si bien que le soleil
Découpait tout à coup, en perçant quelque nue,
Votre profil lascif sur leur gorge ingénue?
Votre arbre a-t-il reçu sous son abri serein
L'écarlate linceul du pâle Mazarin?
Avez-vous eu l'honneur de voir rêver Molière?
Vous a-t-il quelquefois, d'une voix familière,
Vous jetant brusquement un vers mélodieux,
Tutoyé, comme on fait entre les demi-dieux?
En revenant un soir du fond des avenues,
Ce penseur, qui, voyant les âmes toutes nues,
Ne pouvait avoir peur de votre nudité,
A l'homme en son esprit vous a-t-il confronté?
Et vous a-t-il trouvé, vous, le spectre cynique,
Moins triste, moins méchant, moins froid, moins ironique,
Alors qu'il comparait, s'arrêtant en chemin,
Votre rire de marbre à notre rire humain? »

Ainsi je lui parlais sous l'épaisse ramure.
Il ne répondit pas même par un murmure.

Comme il s'est promené tout enfant, tout pensif...
(Page 70.)

J'écoutais, incliné sur le marbre glacé,
Mais je n'entendis rien remuer du passé.
La blafarde lueur du jour qui se retire
Blanchissait vaguement l'immobile satyre,
Muet à ma parole et sourd à ma pitié.
A le voir là, sinistre, et sortant à moitié
De son fourreau noirci par l'humide feuillée,
On eût dit la poignée en torse ciselée
D'un vieux glaive rouillé qu'on laisse dans l'étui.
Je secouai la tête et m'éloignai de lui.
Alors des buissons noirs, des branches desséchées
Comme des sœurs en deuil sur sa tête penchées,
Et des antres secrets dispersés dans les bois,
Il me sembla soudain qu'il sortait une voix,
Qui dans mon âme obscure et vaguement sonore
Éveillait un écho comme au fond d'une amphore.

— « O poëte imprudent, que fais-tu? laisse en paix
Les faunes délaissés sous les arbres épais!
Poëte! ignores-tu qu'il est toujours impie
D'aller, aux lieux déserts où dort l'ombre assoupie,
Secouer, par l'amour fussiez-vous entraînés,
Cette mousse qui pend aux siècles ruinés,
Et troubler, du vain bruit de vos voix indiscretes,
Le souvenir des morts dans ses sombres retraites? »

Alors dans les jardins sous la brume enfouis
Je m'enfonçai, rêvant aux jours évanouis,
Tandis que les rameaux s'emplissaient de mystère,
Et que derrière moi le faune solitaire,
Hiéroglyphe obscur d'un antique alphabet,
Continuait de rire à la nuit qui tombait.

J'allais, et, contemplant d'un regard triste encore
Tous ces doux souvenirs, beauté, printemps, aurore,
Dans l'air et sous mes pieds épars, mêlés, flottants,
Feuilles de l'autre été, femmes de l'autre temps,
J'entrevoyais au loin, sous les branchages sombres,
Des marbres dans le bois, dans le passé des ombres!

Décembre 1837.

Paris. Jules Bonaventure, imprimeur

Il va! la brume est sur la plaine.
(Page 75.)

XXXVII

J'eus toujours de l'amour pour les choses ailées.
Lorsque j'étais enfant j'allais sous les feuillées,
J'y prenais dans les nids de tout petits oiseaux;
D'abord je leur faisais des cages de roseaux
Où je les élevais parmi des mousses vertes.
Plus tard je leur laissais les fenêtres ouvertes,
Ils ne s'envolaient point; ou, s'ils fuyaient aux bois,
Quand je les rappelais ils venaient à ma voix.
Une colombe et moi longtemps nous nous aimâmes.
Maintenant je sais l'art d'apprivoiser les âmes.

Avril 1840.

XXXVIII

ÉCRIT

SUR LE TOMBEAU D'UN PETIT ENFANT

AU BORD DE LA MER.

Vieux lierre, frais gazon, herbe, roseaux, corolles;
Église où l'esprit voit le Dieu qu'il rêve ailleurs;
Mouches qui murmurez d'ineffables paroles
A l'oreille du pâtre assoupi dans les fleurs;

Vents, flots, hymne orageux, chœur sans fin, voix sans nombre;
Bois qui faites songer le passant sérieux;

Fruits qui tombez de l'arbre impénétrable et sombre;
Étoiles qui tombez du ciel mystérieux;

Oiseaux aux cris joyeux, vague aux plaintes profondes;
Froid lézard des vieux murs dans les pierres tapi;
Plaines qui répandez vos souffles sur les ondes;
Mer où la perle éclôt, terre où germe l'épi;

Nature d'où tout sort, nature où tout retombe,
Feuilles, nids, doux rameaux que l'air n'ose effleurer,
Ne faites pas de bruit autour de cette tombe;
Laissez l'enfant dormir et la mère pleurer!

1840.

XXXIX

A L.

Toute esperance, enfant, est un roseau.
Dieu dans ses mains tient nos jours, ma colombe;
Il les dévide à son fatal fuseau,
Puis le fil casse et notre joie en tombe;
Car dans tout berceau
Il germe une tombe.

Jadis, vois-tu, l'avenir, pur rayon,
Apparaissait à mon âme éblouie,
Ciel avec l'astre, onde avec l'alcyon,
Fleur lumineuse à l'ombre épanouie.
Cette vision
S'est évanouie!

Si, près de toi, quelqu'un pleure en rêvant,
Laisse pleurer sans en chercher la cause.
Pleurer est doux, pleurer est bon souvent
Pour l'homme, hélas! sur qui le sort se pose.
Toute larme, enfant,
Lave quelque chose.

Juin 1839

XL

CÆRULEUM MARE

Quand je rêve sur la falaise,
Ou dans les bois, les soirs d'été,
Sachant que la vie est mauvaise,
Je contemple l'éternité.

A travers mon sort mêlé d'ombres,
J'aperçois Dieu distinctement;
Comme à travers des branches sombres
On entrevoit le firmament!

Le firmament, où les faux sages
Cherchent comme nous des conseils!
Le firmament plein de nuages,
Le firmament plein de soleils!

Un souffle épure notre fange.
Le monde est à Dieu, je le sens.
Toute fleur est une louange,
Et tout parfum est un encens.

La nuit, on croit sentir Dieu même
Penché sur l'homme palpitant.
La terre prie et le ciel aime.
Quelqu'un parle et quelqu'un entend.

Pourtant, toujours à notre extase,
O Seigneur, tu te dérobas!
Hélas! tu mets là-haut le vase,
Et tu laisses la lèvre en bas!

Mais un jour ton œuvre profonde,
Nous la saurons, Dieu redouté!
Nous irons voir de monde en monde
S'épanouir ton unité;

Cherchant dans ces cieux que tu règles
L'ombre de ceux que nous aimons,
Comme une troupe de grands aigles
Qui s'envole à travers les monts!

Car, lorsque la mort nous réclame,
L'esprit des sens brise le sceau!
Car la tombe est un nid où l'âme
Prend des ailes comme l'oiseau!

O songe! ô vision sereine!
Nous saurons le secret de tout,
Et ce rayon qui sur nous traîne
Nous en pourrons voir l'autre bout!

O Seigneur! l'humble créature
Pourra voir enfin à son tour
L'autre côté de la nature
Sur lequel tombe votre jour!

Nous pourrons comparer, poëtes,
Penseurs croyant en nos raisons,
A tous les mondes que vous faites
Tous les rêves que nous faisons!

En attendant, sur cette terre
Nous errons, troupeau désuni,
Portant en nous ce grand mystère
Œil borné, regard infini.

L'homme au hasard choisit sa route;
Et toujours, quoi que nous fassions,

Comme un bouc sur l'herbe qu'il broute
Vit courbé sur ses passions.

Nous errons, et dans les ténèbres,
Allant où d'autres sont venus,
Nous entendons des voix funèbres
Qui disent des mots inconnus.

Dans ces ombres où tout s'oublie,
Vertu, sagesse, espoir, honneur,
L'un va criant : Elie! Elie!
L'autre appelant : Seigneur! Seigneur!

Hélas! tout penseur semble avide
D'épouvanter l'homme orphelin,
Le savant dit : Le ciel est vide!
Le prêtre dit : L'enfer est plein!

O deuil! médecins sans dictames,
Vains prophètes aux yeux déçus,
L'un donne Satan à nos âmes,
L'autre leur retire Jésus!

L'humanité, sans loi, sans arche,
Suivant son sentier desséché,
Est comme un voyageur qui marche
Après que le jour est couché.

Il va! la brume est sur la plaine.
Le vent tord l'arbre convulsif.
Les choses qu'il distingue à peine
Ont un air sinistre et pensif.

Ainsi, parmi de noirs décombres,
Dans ce siècle le genre humain
Passe et voit des figures sombres
Qui se penchent sur son chemin.

Nous, rêveurs, sous un toit qui croule,
Fatigués, nous nous abritons,
Et nous regardons cette foule
Se plonger dans l'ombre à tâtons!

———

Et nous cherchons, souci morose!
Hélas! à deviner pour tous
Le problème que nous propose
Toute cette ombre autour de nous!

Tandis que, la tête inclinée,
Nous nous perdons en tristes vœux,
Le souffle de la destinée
Frissonne à travers nos cheveux.

Nous entendons, race asservie,
Ce souffle passant dans la nuit
Du livre obscur de notre vie
Tourner les pages avec bruit!

Que faire? — A ce vent de la tombe,
Joignez les mains, baissez les yeux,
Et tâchez qu'une lueur tombe
Sur le livre mystérieux!

— D'où viendra la lueur, ô père?
Dieu dit : — De vous, en vérité.
Allumez, pour qu'il vous éclaire,
Votre cœur par quelque côté!

Quand le cœur brûle, on peut sans crainte
Lire ce qu'écrit le Seigneur.
Vertu, sous cette clarté sainte,
Est le même mot que Bonheur.

Il faut aimer! l'ombre en vain couvre
L'œil de notre esprit, quel qu'il soit.
Croyez, et la paupière s'ouvre;
Aimez, et la prunelle voit!

Du haut des cieux qu'emplit leur flamme,
Les trop lointaines vérités
Ne peuvent au livre de l'âme
Jeter que de vagues clartés.

La nuit, nul regard ne sait lire
Aux seuls feux des astres vermeils;
Mais l'amour près de nous vient luire.
Une lampe aide les soleils.

Pour que, dans l'ombre où Dieu nous mène,
Nous puissions lire à tous moments,
L'amour joint sa lumière humaine
Aux célestes rayonnements!

Aimez donc! car tout le proclame,
Car l'esprit seul éclaire peu,
Et souvent le cœur d'une femme
Est l'explication de Dieu!

———

Ainsi je rêve, ainsi je songe,
Tandis qu'aux yeux des matelots
La nuit sombre à chaque instant plonge
Des groupes d'astres dans les flots!

Moi, que Dieu tient sous son empire,
J'admire, humble et religieux,
Et par tous les pores j'aspire
Ce spectacle prodigieux!

Entre l'onde, des vents bercée,
Et le ciel, gouffre éblouissant,
Toujours, pour l'œil de la pensée,
Quelque chose monte ou descend.

Goutte d'eau pure ou jet de flamme,
Ce verbe intime et non écrit
Vient se condenser dans mon âme
Ou resplendir dans mon esprit;

Et l'idée à mon cœur sans voile,
A travers la vague ou l'éther,
Du fond des cieux arrive étoile,
Ou perle du fond de la mer!

Août 1839.

XLI

Dieu, qui sourit et qui donne,
Et qui vient vers qui l'attend,
Pourvu que vous soyez bonne,
Sera content.

Le monde où tout étincelle,
Mais où rien n'est enflammé,
Pourvu que vous soyez belle,
Sera charmé.

Mon cœur, dans l'ombre amoureuse
Où l'enivrent deux beaux yeux,
Pourvu que tu sois heureuse,
Sera joyeux.

Janvier 1840.

XLII

OCEANO NOX

Saint-Valery-sur-Somme.

Oh! combien de marins, combien de capitaines
Qui sont partis joyeux pour des courses lointaines,
Dans ce morne horizon se sont évanouis!
Combien ont disparu, dure et triste fortune!
Dans une mer sans fond, par une nuit sans lune,
Sous l'aveugle Océan à jamais enfouis!

Combien de patrons morts avec leurs équipages!
L'ouragan de leur vie a pris toutes les pages,
Et d'un souffle il a tout dispersé sous les flots!
Nul ne saura leur fin dans l'abîme plongée.
Chaque vague en passant d'un butin s'est chargée;
L'une a saisi l'esquif, l'autre les matelots!

Nul ne sait votre sort, pauvres têtes perdues!
Vous roulez à travers les sombres étendues,
Heurtant de vos fronts morts des écueils inconnus.
Oh! que de vieux parents, qui n'avaient plus qu'un rêve,
Sont morts en attendant tous les jours sur la grève
Ceux qui ne sont pas revenus!

On s'entretient de vous parfois dans les veillées.
Maint joyeux cercle, assis sur des ancres rouillées,
Mêle encor quelque temps vos noms d'ombres couverts,
Aux rires, aux refrains, aux récits d'aventures,
Aux baisers qu'on dérobe à vos belles futures,
Tandis que vous dormez dans les goëmons verts!

On demande :—Où sont-ils? sont-ils rois dans quelque île?
Nous ont-ils délaissés pour un bord plus fertile? —
Puis votre souvenir même est enseveli.
Le corps se perd dans l'eau, le nom dans la mémoire.
Le temps, qui sur toute ombre en verse une plus noire,
Sur le sombre Océan jette le sombre oubli.

Bientôt des yeux de tous votre ombre est disparue.
L'un n'a-t-il pas sa barque et l'autre sa charrue?
Seules, durant ces nuits où l'orage est vainqueur,
Vos veuves aux fronts blancs, lasses de vous attendre,
Parlent encor de vous en remuant la cendre
De leur foyer et de leur cœur!

Et quand la tombe enfin a fermé leur paupière,
Rien ne sait plus vos noms, pas même une humble pierre
Dans l'étroit cimetière où l'écho nous répond,
Pas même un saule vert qui s'effeuille à l'automne,
Pas même la chanson naïve et monotone
Que chante un mendiant à l'angle d'un vieux pont!

Où sont-ils les marins sombrés dans les nuits noires?
O flots, que vous savez de lugubres histoires!
Flots profonds redoutés des mères à genoux!
Vous vous les racontez en montant les marées,
Et c'est ce qui vous fait ces voix désespérées
Que vous avez le soir quand vous venez vers nous!

Juillet 1836.

XLIII

NUITS DE JUIN

L'été, lorsque le jour a fui, de fleurs couverte,
La plaine verse au loin un parfum enivrant;
Les yeux fermés, l'oreille aux rumeurs entr'ouverte,
On ne dort qu'à demi d'un sommeil transparent.

Les astres sont plus purs, l'ombre paraît meilleure;
Un vague demi-jour teint le dôme éternel;
Et l'aube douce et pâle, en attendant son heure,
Semble toute la nuit errer au bas du ciel.

1837.

XLIV

SAGESSE

—A MADEMOISELLE LOUISE B.—

I

— Ainsi donc rien de grand, rien de saint, rien de pur,
Rien qui soit digne, ô ciel! de ton regard d'azur,
Rien qui puisse ennoblir le vil siècle où nous sommes,
Ne sortira du cœur de l'homme enfant des hommes!
Homme! esprit enfoui sous les besoins du corps!
Ainsi, jouir; descendre à tâtons chez les morts;
Etre à tout ce qui rampe, à tout ce qui s'envole,
A l'intérêt sordide, à la vanité folle;
Ne rien savoir — qu'emplir, sans souci du devoir,
Une charte de mots ou d'écus un comptoir;
Ne jamais regarder les voûtes étoilées;
Rire du dévoûment et des vertus voilées;
Voilà ta vie, hélas! et tu n'as, nuit et jour,
Pour espoir et pour but, pour culte et pour amour,
Qu'une immonde monnaie aux carrefours traînée
Et qui te laisse aux mains sa rouille empoisonnée!
Et tu ne comprends pas que ton destin, à toi,
C'est de penser! c'est d'être un mage et d'être un roi;
C'est d'être un alchimiste alimentant la flamme
Sous ce sombre alambic que tu nommes ton âme,
Et de faire passer par ce creuset de feu
La nature et le monde, et d'en extraire Dieu!

Quoi! la brute a sa sphère et l'élément sa règle.
L'onde est au cormoran et la neige est à l'aigle.
Tout a sa région, sa fonction, son but.
L'écume de la mer n'est pas un vain rebut;
Le flot sait ce qu'il fait; le vent sait qui le pousse;
Comme un temple où toujours veille une clarté douce,
L'étoile obéissante éclaire le ciel bleu;
Le lis s'épanouit pour la gloire de Dieu;
Chaque matin, vibrant comme une sainte lyre,
L'oiseau chante ce nom que l'aube nous fait lire!
Quoi! l'être est plein d'amour, le monde est plein de foi!
Toute chose ici-bas suit gravement sa loi,
Et ne sait obéir, dans sa fierté divine,
L'oiseau qu'à son instinct, l'arbre qu'à sa racine!
Quoi! l'énorme Océan qui monte vers son bord,
Quoi! l'hirondelle au sud et l'aimant vers le nord,
La graine ailée allant au loin choisir sa place,
Le nuage entassé sur les îles de glace,
Qui, des cieux tout à coup traversant la hauteur,
Croule au souffle d'avril du pôle à l'équateur,
Le glacier qui descend du haut des cimes blanches,
La sève qui s'épand dans les fibres des branches,
Tous les objets créés, vers un but sérieux,
Les rayons dans les airs, les globes dans les cieux,
Les fleuves à travers les rochers et les herbes,
Vont sans se détourner de leurs chemins superbes!
L'homme a seul dévié! — Quoi! tout dans l'univers,
Tous les êtres, les monts, les forêts, les prés verts,
Le jour dorant le ciel, l'eau lavant les ravines,
Ont encor, comme au jour où de ses mains divines
Jéhova sur Adam imprima sa grandeur,
Toute leur innocence et toute leur candeur!
L'homme seul est tombé! — Fait dans l'auguste empire
Pour être le meilleur, il en devient le pire.
Lui qui devait fleurir comme l'arbre choisi,
Il n'est plus qu'un tronc vil au branchage noirci,
Que l'âge déracine et que le vice effeuille,
Dont les rameaux n'ont pas de fruit que Dieu recueille,
Où jamais sans péril nous ne nous appuyons,
Où la société greffe les passions!
Chute immense! il ignore et nie, ô Providence!
Tandis qu'autour de lui la création pense!
O honte! en proie aux sens dont le joug l'asservit,
L'homme végète auprès de la chose qui vit! —

II

Comme je m'écriais ainsi, vous m'entendîtes :
Et vous, dont l'âme brille en tout ce que vous dites,
Vous tournâtes alors vers moi paisiblement
Votre sourire triste, ineffable et calmant :

— L'humanité se lève; elle chancelle encore,
Et, le front baigné d'ombre, elle va vers l'aurore.
Tout homme sur la terre a deux faces, le bien
Et le mal. Blâmer tout c'est ne comprendre rien.
Les âmes des humains d'or et de plomb sont faites;
L'esprit du sage est grave, et sur toutes les têtes
Ne jette pas sa foudre au hasard en éclats.
Pour le siècle où l'on vit, — comme on y souffre, hélas! —
On est toujours injuste, et tout y paraît crime.
Notre époque insultée a son côté sublime.
Vous l'avez dit vous-même, ô poëte irrité! —

Dans votre chambre, asile illustre et respecté,
C'est ainsi que, sereine et simple, vous parlâtes.
Votre front, au reflet des damas écarlates,
Rayonnait, et pour moi, dans cet instant profond,
Votre regard levé fit un ciel du plafond.

L'accent de la raison, auguste et pacifique,
L'équité, la pitié, la bonté séraphique,
L'oubli des torts d'autrui, cet oubli vertueux
Qui rend à leur insu les fronts majestueux,
Donnaient à vos discours, pleins de clartés si belles,
La tranquille grandeur des choses naturelles,
Et par moments semblaient mêler à votre voix
Ce chant doux et voilé qu'on entend dans les bois.

III

Pourquoi devant mes yeux revenez-vous sans cesse,
O jours de mon enfance et de mon allégresse?
Qui donc toujours vous rouvre en nos cœurs presque éteints,
O lumineuse fleur des souvenirs lointains?

Oh! que j'étais heureux! oh! que j'étais candide!
En classe, un banc de chêne, usé, lustré, splendide,
Une table, un pupitre, un lourd encrier noir,
Une lampe, humble sœur de l'étoile du soir,
M'accueillaient gravement et doucement. Mon maître,
Comme je vous l'ai dit souvent, était un prêtre
A l'accent calme et bon, au regard réchauffant,
Naïf comme un savant, malin comme un enfant,
Qui m'embrassait, disant, car un éloge excite :
— Quoiqu'il n'ait que neuf ans, il explique Tacite. —
Puis, près d'Eugène, esprit qu'hélas! Dieu submergea,
Je travaillais dans l'ombre, — et je songeais déjà.
Tandis que j'écrivais, — sans peur, mais sans système,
Versant le barbarisme à grands flots sur le thème,
Inventant aux auteurs des sens inattendus,
Le dos courbé, le front touchant presque au Gradus,

Je croyais, car toujours l'esprit de l'enfant veille,
Ouïr confusément, tout près de mon oreille,
Les mots grecs et latins, bavards et familiers,
Barbouillés d'encre, et gais comme des écoliers,
Chuchoter, comme font les oiseaux dans une aire,
Entre les noirs feuillets du lourd dictionnaire.
Bruits plus doux que le bruit d'un essaim qui s'enfuit,
Souffles plus étouffés qu'un soupir de la nuit,
Qui faisaient, par instants, sous les fermoirs de cuivre,
Frissonner vaguement les pages du vieux livre!

Le devoir fait, légers comme de jeunes daims,
Nous fuyions à travers les immenses jardins,
Eclatant à la fois en cent propos contraires.
Moi, d'un pas inégal je suivais mes grands frères;
Et les astres sereins s'allumaient dans les cieux,
Et les mouches volaient dans l'air silencieux,
Et le doux rossignol, chantant dans l'ombre obscure,
Enseignait la musique à toute la nature,
Tandis qu'enfant jaseur, aux gestes étourdis,
Jetant partout mes yeux ingénus et hardis
D'où jaillissait la joie en vives étincelles,
Je portais sous mon bras, noués par trois ficelles,
Horace et les festins, Virgile et les forêts,
Tout l'Olympe, Thésée, Hercule, et toi, Cérès,
La cruelle Junon, Lerne et l'hydre enflammée,
Et le vaste lion de la roche Némée.

Mais, lorsque j'arrivais chez ma mère, souvent,
Grâce au hasard taquin qui joue avec l'enfant,
J'avais de grands chagrins et de grandes colères.
Je ne retrouvais plus, près des ifs séculaires,
Le beau petit jardin par moi-même arrangé.
Un gros chien en passant avait tout ravagé.
Ou quelqu'un dans ma chambre avait ouvert mes cages,
Et mes oiseaux étaient partis pour les bocages,
Et, joyeux, s'en étaient allés de fleur en fleur
Chercher la liberté bien loin, — ou l'oiseleur.
Ciel! alors j'accourais, rouge, éperdu, rapide,
Maudissant le grand chien, le jardinier stupide,
Et l'infâme oiseleur, et son hideux lacet,
Furieux! — D'un regard ma mère m'apaisait.

V

Ecoutez à présent. — Dans ma raison qui tremble,
Parfois l'une après l'autre, et quelquefois ensemble,
Trois voix, trois grandes voix murmurent.

L'une dit :
— « Courrouce-toi, poëte. Oui, l'enfer applaudit
Tout ce que cette époque ébauche, crée ou tente.
Reste indigné! ce siècle est une impure tente
Où l'homme appelle à lui, voyant le soir venu,
La volupté, la chair, le vice infâme et nu.
La vérité, qui fit jadis resplendir Rome,
Est toujours dans le ciel; l'amour n'est plus dans l'homme.
Tout rayon jaillissant trouve tout œil fermé.
Oh! ne repousse pas la muse au bras armé
Qui visitait jadis comme une austère amie
Ces deux sombres géants, Amos et Jérémie!
Les hommes sont ingrats, méchants, menteurs, jaloux.
Le crime est dans plusieurs, la vanité dans tous;
Car, selon le rameau dont ils ont bu la séve,
Ils tiennent, quelques-uns de Caïn, et tous d'Eve.

« Seigneur! ta croix chancelle et le respect s'en va!
La prière décroît. Jéhova! Jéhova!
On va parlant tout haut de toi-même en ton temple.
Le livre était la loi, le prêtre était l'exemple,
Livre et prêtre sont morts. Et la foi maintenant,
Cette braise allumée à ton foyer tonnant,
Qui, marquant pour ton Christ ceux qu'il préfère aux autres,
Jadis purifiait la lèvre des apôtres,
N'est qu'un charbon éteint dont les petits enfants
Souillent ton mur avec des rires triomphants! » —

L'autre voix dit : — « Pardonne! aime! Dieu qu'on révère,
Dieu pour l'homme indulgent ne sera point sévère.
Respecte la fourmi non moins que le lion.
Rêveur! rien n'est petit dans la création.
De l'être universel l'atome se compose;
Dieu vit un peu dans tout et rien n'est peu de chose.
Cultive en toi l'amour, la pitié, les regrets.
Si le sort te contraint d'examiner de près
L'homme souvent frivole, aveugle et téméraire,
Tempère l'œil du juge avec les pleurs du frère.
Et que tout ici-bas, l'air, la fleur, le gazon;
Le groupe heureux qui joue au seuil de ta maison;
Un mendiant assis à côté d'une gerbe;
Un oiseau qui regarde une mouche dans l'herbe;
Les vieux livres du quai, feuilletés par le vent,
D'où l'esprit des anciens, subtil, libre et vivant,
S'envole, et, souffle errant, se mêle à tes pensées;
La contemplation de ces femmes froissées
Qui vivent dans les pleurs comme l'algue dans l'eau;
L'homme, ce spectateur; le monde, ce tableau;
Que cet ensemble auguste où l'insensé se blase
Tourne de plus en plus ta vie et ton extase
Vers l'œil mystérieux qui nous regarde tous!
Invisible veilleur! témoin intime et doux!
Principe! but! milieu! clarté! chaleur! dictame!
Secret de toute chose entrevu par toute âme!

« N'allume aucun enfer au tison d'aucun feu.
N'aggrave aucun fardeau. Démontre l'âme et Dieu,
L'impérissable esprit, la tombe irrévocable;
Et rends douce à nos fronts, que souvent elle accable,
La grande main qui grave en signes immortels
JAMAIS! sur les tombeaux; TOUJOURS! sur les autels. »

La troisième voix dit : — « Aimer? haïr? qu'importe!
Qu'on chante ou qu'on maudisse, et qu'on entre ou qu'on sorte,

VI

Aujourd'hui, ce n'est plus pour une cage vide,
Pour des oiseaux jetés à l'oiseleur avide,
Pour un dogue aboyant lâché parmi des fleurs,
Que mon courroux s'émeut. Non, les petits malheurs
Exaspèrent l'enfant; mais, comme en une église,
Dans les grandes douleurs l'homme se tranquillise.
Après l'ardent chagrin, au jour brûlant pareil,
Le repos vient au cœur comme aux yeux le sommeil.
De nos maux, chiffres noirs, la sagesse est la somme.
En l'éprouvant toujours, Dieu semble dire à l'homme
— Fais passer ton esprit à travers le malheur;
Comme le grain du crible, il sortira meilleur. —
J'ai vécu, j'ai souffert, je juge et je m'apaise.
Ou si parfois encor la colère mauvaise
Fait pencher dans mon âme avec son doigt vainqueur
La balance où je pèse et le monde et mon cœur;
Si, n'ouvrant qu'un seul œil, je condamne et je blâme,
Avec quelques mots purs, vous, sainte et noble femme,
Vous ramenez ma voix qui s'irrite et s'aigrit
Au calme sur lequel j'ai posé mon esprit;
Je sens sous vos rayons mes tempêtes se taire;
Et vous faites pour l'homme incliné, triste, austère,
Ce que faisait jadis pour l'enfant doux et beau
Ma mère, ce grand cœur qui dort dans le tombeau!

Le mal, le bien, la mort, les vices, les faux dieux,
Qu'est-ce que tout cela fait au ciel radieux?
La végétation, vivante, aveugle et sombre,
En couvre-t-elle moins de feuillages sans nombre,
D'arbres et de lichens, d'herbe et de goëmons,
Les prés, les champs, les eaux, les rochers et les monts?
L'onde est-elle moins bleue et le bois moins sonore?
L'air promène-t-il moins, dans l'ombre et dans l'aurore,
Sur les clairs horizons, sur les flots décevants,
Ces nuages heureux qui vont aux quatre vents?
Le soleil, qui sourit aux fleurs dans les campagnes,
Aux rois dans les palais, aux forçats dans les bagnes,
Perd-il, dans la splendeur dont il est revêtu,
Un rayon quand la terre oublie une vertu?
Non, Pan n'a pas besoin qu'on le prie et qu'on l'aime.
O sagesse! esprit pur! sérénité suprême!
Zeus! Irmensul! Wishnou! Jupiter! Jéhova!
Dieu que cherchait Socrate et que Jésus trouva!
Unique Dieu! vrai Dieu! seul mystère! seule âme!
Toi qui, laissant tomber ce que la mort réclame,
Fis les cieux infinis pour les temps éternels!
Toi qui mis dans l'éther plein de bruits solennels,
Tente dont ton haleine émeut les sombres toiles,
Des millions d'oiseaux, des millions d'étoiles!
Que te font, ô Très-Haut! les hommes insensés,
Vers la nuit au hasard l'un par l'autre poussés,
Fantômes dont jamais tes yeux ne se souviennent,
Devant ta face immense ombres qui vont et viennent! »

VI

Dans ma retraite obscure où, sous un rideau vert,
Luit comme un œil ami maint vieux livre entr'ouvert,
Où ma Bible sourit dans l'ombre à mon Virgile,
J'écoute ces trois voix. Si mon cerveau fragile
S'étonne, je persiste; et, sans peur, sans effroi,
Je les laisse accomplir ce qu'elles font en moi.
Car les hommes, troublés de ces métamorphoses,
Composent leur sagesse avec trop peu de choses.
Tous ont la déraison de voir la Vérité
Chacun de sa fenêtre et rien que d'un côté,
Sans qu'aucun d'eux, tenté par ce rocher sublime,
Aille en faire le tour et monter sur sa cime.

Et de ce triple aspect des choses d'ici-bas,
De ce triple conseil que l'homme n'entend pas,
Pour mon cœur où Dieu vit, où la haine s'émousse,
Sort une bienveillance universelle et douce
Qui dore comme une aube et d'avance attendrit
Le vers qu'à moitié fait j'emporte en mon esprit
Pour l'achever aux champs avec l'odeur des plaines
Et l'ombre du nuage et le bruit des fontaines!

Avril 1840.

FIN DES RAYONS ET DES OMBRES.

TABLE

LES VOIX INTÉRIEURES

LES RAYONS ET LES OMBRES

FIN DE LA TABLE.

Paris. Jules Bonaventure, imprimeur.

www.ingramcontent.com/pod-product-compliance
Lightning Source LLC
LaVergne TN
LVHW021304110826
845150LV00003B/479